C.H.BECK ■ WISSEN

in der Beck'schen Reihe

W0078590

Kein anderer Orden ist so von Legenden umrankt und von Geheimnissen umwittert wie die «Ritterschaft vom Tempel Salomos». Jürgen Sarnowsky erzählt kenntnisreich die bewegte Geschichte des Ordens von den Anfängen im 12. Jahrhundert über die Zeit der Kreuzzüge bis zur Auflösung im Jahre 1312. Er schildert das religiöse Selbstverständnis der Tempelritter und ihre hierarchische Organisation, ihre militärischen Aktivitäten und das Alltagsleben in Burgen und Ordenshäusern. Zur Sprache kommt auch die enorme Wirkungsgeschichte der Templer, die durch ihren Kampf um das Heilige Land die Weltgeschichte mitprägten, zur Entstehung des Bankwesens beitrugen und in der Neuzeit zum Ideal esoterischer Zirkel avancierten.

Jürgen Sarnowsky, geb. 1955, lehrt als Professor für Mittelalterliche Geschichte an der Universität Hamburg. Er ist u. a. Zweiter Vorsitzender der Historischen Kommission für ost- und westpreußische Landesforschung und Mitglied der Internationalen Historischen Kommission zur Erforschung des Deutschen Ordens. Zahlreiche Publikationen zu den geistlichen Ritterorden; in der Reihe C. H. Beck Wissen erschien von ihm bereits «Der Deutsche Orden» (2007).

Jürgen Sarnowsky

DIE TEMPLER

Verlag C. H. Beck

Mit 6 Abbildungen und 2 Karten

Originalausgabe
© Verlag C. H. Beck oHG, München 2009
Gesamtherstellung: Druckerei C. H. Beck, Nördlingen
Umschlagmotiv: Zwei Templer mit Ordensbanner zu Pferde,
nach der Chronik des Matthäus Parisiensis,
© The Master and Fellows of Corpus Christi College, Cambridge
Umschlagentwurf: Uwe Göbel, München
Printed in Germany
ISBN 978 3 406 56272 3

www.beck.de

Inhalt

Einleitung

Templer sind heute in allen Medien präsent. Im Internet finden sich zahllose Seiten, die sich – von ernsthaft bis wenig vertrauenswürdig – mit Templern beschäftigen. Literatur und Filme für ein Millionenpublikum gewinnen ihre Anziehungskraft nicht zuletzt daraus, dass sie Templer auftreten lassen. Im Zeitalter des «Infotainments» kann sich dem auch das Fernsehen nicht verschließen und verbindet scheinbar seriöse Berichterstattung mit der Suche nach magischen Kräften, mythischen Figuren und dem – immer wieder neu postulierten – Templerschatz, der sich jedoch hartnäckig der Entdeckung entzieht. In vielen populären Büchern geht der Einfluss der Templer weit über Europa hinaus, erstreckt sich bis nach Nordamerika, das schon Ende des 14. Jahrhunderts (oder noch früher) auf Templerschiffen erreicht worden sein soll, oder auch nach Südindien. Überall sind neue Templer-Gesellschaften entstanden, darunter auch viele, die sich durchaus ehrenwerten Zielen verschrieben haben.

Allerdings hat diese moderne Faszination für die Templer wenig mit dem historischen Orden der «Ritter vom Tempel des Herrn zu Jerusalem» zu tun, der schon 1312 durch Papst Clemens V. aufgehoben wurde. Sie beruht vielmehr auf dem Templer-Mythos, der sich seit dem 18. Jahrhundert entwickelt hat. Auch wenn diese Aufhebung nicht bei allen Zeitgenossen auf Zustimmung stieß, bedeutete sie doch das faktische Ende der Gemeinschaft. Die verbliebenen Brüder wurden auf Lebenszeit aus geistlichen Besitzungen versorgt, und der Besitz des Ordens wurde sukzessive den Johannitern übergeben. Nur in Einzelfällen – und nur auf der Iberischen Halbinsel – entstanden Nachfolgeinstitutionen. Erst die Fantasie späterer Jahrhunderte wollte dieses jähe Ende der Templer nicht akzeptieren, sondern glaubte an ein Fortbestehen der Gemeinschaft im «Untergrund».

Die Freimaurer des 18. Jahrhunderts sahen sich in ungebrochener Kontinuität zu den Templern. Sie beriefen sich auf Geheimlehren des Ordens, die als Vermächtnis des letzten Großmeisters Jacques de Molay auf sie gekommen seien, und sahen diese Lehren als eigentliche Ursache der Aufhebung des Templerordens an.

Einer der deutschen Gründerväter der als «Templerismus» bezeichneten Strömung der Freimaurer war der 1776 verstorbene Reichsfreiherr Karl Gotthelf von Hund, der behauptete, über verlorene Templer-Dokumente zu verfügen. Er gründete die Loge «Zu den drei Säulen», deren Mitglieder in historisierender Ordenskleidung auftraten, und ließ sich im Habit eines Templermeisters bestatten. Der hessische Hofprediger Johann August Starck versuchte sogar, in seine Neutempler einen eigenen Ordensklerus zu integrieren. Im Templerismus wurde die ursprüngliche Gleichheit der Freimaurer durch die Rangordnungen der Strikten Observanz ersetzt, unter Einschluss ritterlicher Grade. Mit dem berüchtigten Georg Friedrich Johnson, der 1765 auf der Wartburg gefangengesetzt wurde, kamen erste Verschwörungstheorien in die Welt. Er warf den Freimaurern die Einflussnahme auf die polnische Königswahl, die Ermordung von Papst Clemens XIV. und von König Ludwig XV. sowie Kollaboration mit den Jesuiten vor. In der Epoche der Revolutionen zwischen 1789 und 1848 wurden die an den Templern orientierten Freimaurer immer wieder mit Umstürzen und Anarchie in Verbindung gebracht. Sie wurden als Erben antichristlicher Sekten und Gemeinschaften verstanden, die die christliche Ordnung zu untergraben suchten. In den romantischen Novellen *Ivanhoe* (1819) und *The Talisman* (1825) von Walter Scott wird daraus die Vorstellung, der einstmals kirchentreue Orden sei durch moralischen Verfall zu einer finsteren Geheimgesellschaft von nie da gewesener Macht geworden. Eine – wenn auch durchaus ironische – Spiegelung davon bietet noch der Roman *Das Foucaultsche Pendel* von Umberto Eco (1988).

Einer der Autoren, die durch ihre Darstellung der Geschichte der Templer auf die eigene Gegenwart einzuwirken suchten, war der österreichische Orientalist Joseph Freiherr von Hammer-

Purgstall (1774–1856). Allerdings ist seine Deutung eher dem Bereich der Mythenbildung zuzuordnen. Er brachte die Templer insbesondere mit den spätantiken Gnostikern in Verbindung, ohne jedoch die Unterschiede zwischen den gnostischen Lehren und den nicht das Ordensleben spiegelnden Vorwürfen gegen die Templer zu berücksichtigen. Dabei verband er den Templer-Mythos mit der Gralslegende, die er für einen Ausdruck gnostischer Lehren hielt. Auch wenn Wolfram von Eschenbach in seinem *Parzival*, der die Gralslegende thematisiert, Templer erwähnt, entbehrt diese Verbindung jeder Grundlage. Sie wurde dennoch seither immer wieder hergestellt. Überhaupt war die Templer-Legende vielfach einsetzbar. Politisch wurde sie von konservativen wie von radikalen Kräften instrumentalisiert, Romantiker wie Scharlatane griffen auf sie zurück. Den Templern wurden die Vermittlung geheimen Wissens aus alten Zeiten und mysteriöse Einflüsse auf die Gegenwart zugeschrieben.

Die verschlungenen Wege der weiteren Ausgestaltung des Templer-Mythos sind ein eigenes Thema und können hier nicht weiter verfolgt werden. Es ist keineswegs so, dass sie nicht die Aufmerksamkeit der Geschichtswissenschaft verdienten, erlaubt die Beschäftigung mit ihnen doch interessante Einblicke in die Vorstellungswelt und soziale Realität der jeweiligen Epoche. Der Mythos sagt jedoch nichts über die Geschichte des historischen Templerordens selbst aus, die vielleicht sogar reizvoller und vielgestaltiger als der Mythos ist.

Die Anfänge des Ordens der Templer gehören in den Kontext der Massenbewegung des Ersten Kreuzzugs (1096–1099). Dessen Teilnehmer zogen im Namen Christi in den Krieg, um den Christen des Orients zu Hilfe zu kommen und die Stätten des «Heiligen Landes» aus der Hand der «Sarazenen» zu befreien. Schon 1096 legten viele Kreuzfahrer ein Gelübde ab, und später banden sich zahlreiche Ritter auf Zeit an die gewachsenen Institutionen im Heiligen Land, um die Erfolge des Kreuzzugs, die Eroberung Jerusalems und die Errichtung der Kreuzfahrerstaaten abzusichern. So fand sich um 1119 auch eine Gruppe von Rittern um den aus der Champagne stammenden Adligen Hugues de Payns zusammen, die streng nach monastischen Regeln

Zwei Templer zu Pferde (wie auf dem ältesten Siegel) mit Ordensbanner, nach der Chronik des Matthäus Parisiensis

lebten, aber zugleich für den Schutz der nach Jerusalem kommenden Pilger kämpfen wollten. Eine gewisse Unsicherheit über die Zukunft der Gemeinschaft führte zur Reise Hugues' nach Frankreich. Diese erbrachte nicht nur die erste schriftlich niedergelegte Regelung der Lebensform, sondern auch die Unterstützung durch den vielleicht prominentesten Vertreter der Kirche in seiner Zeit, den Zisterzienser Bernhard von Clairvaux, der mit seiner Schrift «Über das Lob der neuen Ritterschaft» eine grundlegende Rechtfertigung der Verbindung von Mönch- und Rittertum unternahm. Päpstliche Privilegien und zahlreiche Schenkungen folgten. Aus bescheidenen Anfängen erwuchs so schließlich eine einflussreiche und wirkungsmächtige Korporation, deren Mitglieder mit Päpsten und Königen Umgang pflegten und in vielen Regionen Europas und im Heiligen Land präsent waren. Schätzungsweise zählte die Korporation im 13. Jahrhundert rund 7000 Ritter- und Priesterbrüder, Sergeanten und dienende Brüder, die im lateinischen Westen rund 870 Burgen, Komtureien und weitere Besitzungen des Ordens verwalteten. Die materiellen und personellen Ressourcen des Herkunftsgebiets ermöglichten den Einsatz im sog. Heidenkampf, sowohl im Heiligen Land als auch in Spanien. Das Netzwerk von Templerhäusern, das den Transport von Männern, Pferden, Waffen und Lebensmitteln organisierte, versorgte allein im Heiligen Land wohl bis zu 600 Ritterbrüder und 2000 Sergeanten.

Bleibulle Bertrands de Blanchefort, 1168, Vorder- und Rückseite

Das Ideal des Templerordens – die Verbindung von Mönchtum und «Heidenkampf» – entwickelte eine ungeheuere Anziehungskraft. Nach seinem Vorbild bildete sich ein ganzer Ordenszötus, die Gruppe der geistlichen Ritterorden, die sich am «Lob der neuen Ritterschaft» Bernhards von Clairvaux orientierten. So wurden die als Hospitalgemeinschaft gegründeten Johanniter ebenso nachträglich «militarisiert» wie der 1190 vor Akkon gegründete spätere Deutsche Orden, dem 1198 unter anderem die Templerregel übertragen wurde, und in Spanien wie im Baltikum entstanden Neugründungen nach dem Vorbild der Templer. Alle diese Orden, aber insbesondere die drei großen internationalen Orden der Templer und Johanniter sowie der Deutsche Orden, wurden im 13. Jahrhundert immer stärker in die Verteidigung der verbliebenen Kreuzfahrerterritorien eingebunden. Zwar gerieten sie in eine Krise, als diese nach und nach verloren gingen, am Ende konnten sich die meisten von ihnen jedoch behaupten. Der weitaus verhängnisvollere Schlag traf die Brüder des Templerordens, als sie durch den französischen König Philipp IV. seit 1307 zahlreicher Vergehen und Verbrechen beschuldigt wurden. Das sich lange hinziehende Verfahren endete schließlich in der Aufhebung des Ordens auf dem Konzil von Vienne 1312.

I. Anfänge und Aufstieg

1. Der Erste Kreuzzug und seine Folgen

Der Beginn der Kreuzzugsbewegung, aus der auch der Templer-orden hervorgehen sollte, lässt sich chronologisch genau be-stimmen. Papst Urban II. rief am 27. November 1095 auf einem Feld vor der Stadt Clermont dazu auf, den Christen des Os-tens zu Hilfe zu kommen, nachdem er nachdrücklich ihre Lei-den beschrieben hatte. Er reagierte damit zwar auf einen Hilfs-appell des byzantinischen Kaisers Alexios I. Komnenos vom März 1095, doch folgte dieser Aufruf eigenen, abendländischen Bahnen.

Das Christentum hatte Krieg und Kriegsdienst lange ablehnend gegenübergestanden. Die Wandlung des Christentums zur Staatsreligion machte einen neuen Ansatz erforderlich, der Christen den Dienst in den Heeren des mittlerweile von vielen Seiten bedrängten Römischen Reiches ermöglichte. Es war ins-besondere der Kirchenvater Augustinus († 430), der die Grund-lagen für die weiteren Diskussionen legte, ausgehend von anti-ken Vorbildern. Krieg blieb grundsätzlich – als Folge der Erb-sünde – negativ besetzt, doch nahm Augustinus die Existenz «gerechter Kriege» an, die vier Voraussetzungen erfüllen muss-ten. Sie bedurften einer legitimen Autorität, die den Krieg er-klärte, eines gerechten Grundes (etwa die Verteidigung des eige-nen Landes, die Bestrafung von Unrecht oder die Rückgewin-nung verlorenen Gutes) und konnten nur begonnen werden, wenn Alternativen für eine friedliche Lösung fehlten und das Vorgehen angemessen war. Daneben nahm er auch mit gött-licher Autorität geführte Kriege an, die an sich gerecht seien, und entwickelte in seiner Schrift *Über den Gottesstaat* eine Frie-densontologie. Augustinus ging davon aus, dass alle Kriege – auch die ungerechten – im Grunde der Herstellung des Friedens dienen sollten, wenn auch unter verschiedenen Vorzeichen.

Augustinus' Lehre vom gerechten Krieg fand erst im Hoch-
mittelalter wieder stärkere Beachtung, zum Beispiel in der kirchenrechtlichen Sammlung des Bologneser Juristen Gratian,
dem für das Kirchenrecht grundlegenden, um 1140 entstandenen *Decretum Gratiani*. Dort wird sie zusammen mit den durchaus widersprüchlichen biblischen Stellen vergleichend analysiert
und kommentiert. Davor wurden die Überlegungen Augustins
kaum rezipiert. So kam es, dass man noch im 10. Jahrhundert
von den Teilnehmern eines Krieges Bußleistungen verlangte,
wenn sie im Kampf, auch gegen Friedensbrecher, getötet hatten.
Dennoch spielten die Grundzüge der augustinischen Lehre nicht
zuletzt in den Konfliktregionen zwischen muslimischen und
christlichen Territorien eine wichtige Rolle. Man wollte ehemals
christliche Territorien zurückgewinnen und sah sich damit nicht
nur in einem gerechten, sondern auch geheiligten Krieg. In der
Kreuzzugsbewegung gewann daneben noch die augustinische
Forderung nach der richtigen Intention des Kriegführenden an
Bedeutung, der z. B. nicht aus Besitzgier oder Hass handeln
durfte.

Ein wichtiger Aspekt der Entwicklung war die «Christianisie-
rung des Rittertums», das heißt die Einbindung der zuvor an
eher heidnischen Idealen orientierten Kriegerschicht in die
christliche Vorstellungswelt. Kämpfte der *miles Christi*, der
Krieger Christi, zunächst nur mit geistlichen Waffen, als Geistlicher in der Welt oder häufiger als Mönch hinter Klostermau-
ern, übertrug sich dieser Begriff nun auf das Rittertum. Diese
Veränderungen wurden nicht zuletzt durch den Einsatz von
Rittern in der sog. Gottesfriedensbewegung und in päpstlich
geführten Unternehmen hervorgerufen. In den Gottesfrieden
setzten die Bischöfe angesichts schwacher weltlicher Gewalten
regionale, zunächst zeitlich oder auf Personengruppen begrenzte
Frieden durch, indem sie mit Hilfe von weltlichen Herrschafts-
trägern gegen Friedensstörer vorgingen. Das Reformpapsttum
setzte Krieger gegen seine Gegner ein. So rief Leo IX. 1053 Krieger zum Kampf gegen die Normannen in Süditalien und versprach ihnen dafür den Erlass der von der Kirche verhängten
Bußstrafen, setzte also geistliche Privilegien für weltliche Ziele

ein. Ähnlich sagte Alexander II. 1064 den französischen Teilnehmern am Feldzug gegen das noch muslimische Barbastro Ablässe zu, und Gregor VII. wollte 1074 wohl auf ähnliche Weise gegen die Normannen und nach Kleinasien ziehen. Diese Verquickung von weltlichen und geistlichen Mitteln wurde durch den Einsatz von Fahnen unterstrichen, so 1066 durch die Versendung der päpstlichen Petersfahne an den Eroberer Englands, Herzog Wilhelm von der Normandie.

Der Aufruf Papst Urbans II. von 1095 stand somit bereits in einer längeren Tradition. Er erhielt jedoch seine besondere, auch vom Papst nicht intendierte Kraft durch die Verbindung mit dem Wallfahrts- und Bußgedanken. Obwohl aus der Überlieferung nicht klar hervorgeht, ob Urban auch Jerusalem als Ziel nannte oder nur die Hilfe für die Christen des Ostens in den Mittelpunkt seiner Rede stellte, wurde bald die Befreiung Jerusalems und der Heiligen Stätten zum eigentlichen Ziel. Heilige Orte, die sich durch heilswirksame Geschehnisse oder auch bedeutende Bauten und Reliquien auszeichneten, hatten nicht nur im Christentum besondere Bedeutung. Am besonderen Segen dieser Orte suchte man durch Pilgerreisen und von dort mitgebrachte Berührungs- oder Sekundärreliquien teilzuhaben, wenn man sich nicht sogar dorthin begab, um zu sterben. So wurden auch Pilgerreisen ins Heilige Land seit der Mitte des 11. Jahrhunderts häufiger. Auch wenn diese Pilger traditionell unbewaffnet waren, machte Urbans Aufruf den geplanten Zug nach Jerusalem doch zur Pilgerfahrt – bis hin zur begrifflichen Gleichsetzung von Pilgern und Kreuzfahrern.

Pilger und Kreuzfahrer standen gleichermaßen unter dem Schutz der Kirche, beide konnten sich von ihren Handlungen die Sicherung des Seelenheils erhoffen. Wurden Pilgerfahrten teilweise als kirchliche Bußen verhängt, nahmen nun die Kreuzfahrer die Beschwernisse ihres Zuges bewusst auf sich, weil sie den Zug als Akt der Buße für die von ihnen begangenen Sünden verstanden. Der Papst hatte in seiner Rede an die Notwendigkeit erinnert, sich von seinen Sünden zu läutern, und hatte gleichzeitig einen Ablass der irdischen Bußstrafen für jene versprochen, die mit der richtigen Intention, aus Liebe zu Gott, dem Aufruf folgten. Dies gewann in der Verbreitung durch die Kreuzzugsprediger eine eigene Dynamik. Sie stellten den Teilnehmern des Kreuzzugs auch den Erlass der jenseitigen Sündenstrafen in Aussicht und machten ihnen Hoffnung, im Todesfall unmittelbar ins Paradies einzuziehen. Urban II. scheint dem in späteren Aufrufen partiell gefolgt zu sein, und der erste schriftliche Kreuzzugsaufruf, den Eugen III. 1145 zum Zweiten Kreuzzug erlassen sollte, schrieb diesen weiten Ablass schließlich dauerhaft fest.

Der Erfolg der Kreuzzugspredigt Urbans war überwältigend. War der Papst zunächst nur von begrenzten Kontingenten von Rittern ausgegangen, machten sich letztlich umfangreiche Heere in drei Wellen auf den Weg nach Osten. Die erste bildeten unorganisierte, aus allen Schichten kommende Scharen, die dem Kreuzzugsaufruf nahezu unmittelbar Folge leisteten. Sie zogen durch den Donauraum und über den Balkan nach Konstantinopel, plünderten und bedrängten die Einwohner der Region, wurden aber in Kämpfen gegen die Seldschuken in Kleinasien völlig aufgerieben.

Das zweite Heer, das aus verschiedenen Kontingenten bestand, wurde von Fürsten und Rittern aus Nordfrankreich, Flandern, Südfrankreich und Süditalien angeführt, unter anderem vom Grafen Raimund IV. von Toulouse und dem Normannen Bohemund von Tarent. Die Kontingente trafen seit Ende 1096 in Konstantinopel ein, konnten mit byzantinischer Unterstützung die Seldschuken zweimal schlagen und erreichten im Oktober 1097 Antiochia. Die Stadt wurde nach sieben Monaten eingenommen, doch machte sich das Heer nach internen Streitigkeiten erst Anfang 1099 wieder auf den Weg nach Süden. Schließlich gelang trotz erneuter Rückschläge am 15. Juli 1099 die Eroberung Jerusalems, auch mit Unterstützung von See. Vier unabhängige Kreuzfahrerstaaten entstanden: das Königreich Jerusalem, die Grafschaften Tripolis und Edessa sowie das Fürstentum Antiochia.

Diese Territorien konnten erst in einem längeren Prozess stabilisiert werden, da die dritte Welle von Kreuzfahrern, die dem Aufruf Urbans II. gefolgt waren, das Heilige Land nicht mehr erreichte. Das Heer brach im Jahr 1100 auf, wurde aber 1101 in mehreren Schlachten von den Seldschuken vernichtend geschlagen und löste sich völlig auf. Die meisten Überlebenden des Ersten Kreuzzugs gingen in ihre Herkunftsregionen zurück, nur wenige etablierten sich im Heiligen Land. Obwohl auch lateinische Siedler ins Land kamen und ein gewisser Herrschafts- und Landesausbau einsetzte, blieben die Kreuzfahrerstaaten in der Folge – vor allem in Krisenzeiten – auf Hilfe aus dem Westen angewiesen. Dabei spielten die italienischen Seestädte eine wesentliche Rolle, Genua, Venedig und Pisa, die für ihren Einsatz insbesondere bei der Eroberung der Küstenstädte Anteile an der Herrschaft erhielten, aber auch die Versorgung mit Menschen und Material aus dem Westen sicherstellten. Zudem gelang dem ersten König von Jerusalem Balduin I. zwischen 1100 und 1118 die Eroberung der Golanhöhen und transjordanischer Gebiete, und im Bündnis mit dem Emirat von Damaskus konnte diese weite Ausdehnung christlicher Herrschaft bis in die Zeit des Zweiten Kreuzzugs 1147/48 behauptet werden.

2. Ritter am Heiligen Grab

Auch wenn nach 1101 vorerst kein größeres Unternehmen zustande kam, erfuhren die Kreuzfahrerstaaten immer wieder Verstärkung durch kleinere Gruppen von Pilgern und Kreuzfahrern, die das Heilige Land auf dem Seeweg erreichten und sich oft zuerst nach Jerusalem wandten, um die Heiligen Stätten zu besuchen. Dabei waren sie allerdings immer wieder von Überfällen bedroht. So heißt es etwa im *Bericht über die Pilgerfahrt Saewulfs* einige Jahre nach der Eroberung Jerusalems: «Wir reisten von Jaffa zur Stadt Jerusalem, eine Zweitagesreise, über eine bergige Strecke, die sehr schwierig und sehr gefährlich ist, weil die Sarazenen immer darauf aus sind, Christen einen Hinterhalt zu legen. Sie verbergen sich in den Tiefen der Berge und den Höhlen der Felsen, Tag und Nacht auf der Wacht nach irgendjemandem, den sie leicht angreifen können, entweder Pilger in kleinen Gruppen oder erschöpfte Versprengte, die von ihren Begleitern getrennt worden waren» (*Relatio de peregrina-*

tione Saewulfi, 36). Auch andere Pilger berichten von der Unsicherheit ihrer Reisen. Einen Höhepunkt erreichte dies Ostern 1119, als eine große Gruppe von über 700 Pilgern zwischen Jerusalem und dem Jordantal überfallen wurde. Sie waren unbewaffnet und durch Fasten und die Strapazen der Reise geschwächt. In abgelegener Gegend gerieten sie in einen Hinterhalt, 300 wurden getötet, 60 gerieten in Gefangenschaft.

Es war vermutlich dieses Ereignis, das den Ausschlag zur Gründung der Gemeinschaft der Templer gab. So hebt bereits eine frühe Urkunde aus der Zeit um 1125 den Einsatz der Templer dafür hervor, dass die Pilger «sicherer zu den Heiligen Stätten aufbrechen können» (*Cartulaire*, 2). Die zeitgenössischen Quellen berichten aber nur wenig über die Anfänge des Ordens. In der um 1135 entstandenen Klosterchronik des Simon de St. Bertin etwa heißt es über die Brüder lediglich, sie hätten sich dem Tempel Gottes versprochen, der Welt und persönlichem Besitz entsagt und führten ein gemeinsames Leben keusch und in einfacher Kleidung, um das Land gegen die Angriffe der Heiden zu verteidigen.

Etwas ausführlichere Nachrichten entstammen erst den Chroniken vom Ende des 12. Jahrhunderts, als sich die Templer bereits fest etabliert hatten. Den umfangreichsten Bericht bietet die Chronik Bischof Guillaumes de Tyr aus den frühen 1180er Jahren, der unter anderem auch auf die Aufgaben der Templer im Pilgerschutz hinweist. Danach hätten sich (mit seiner Datierung) im Jahre 1118 gottesfürchtige Adlige aus dem Ritterstand zusammengefunden, sich dem Patriarchen von Jerusalem unterstellt und versprochen, nach dem Vorbild der regulierten Kanoniker, der nach einer Regel gemeinsam lebender Weltkleriker, keusch, gehorsam und in persönlicher Armut zu leben. Sie hätten vom König einen Teil seines Palastes, des *palatium* oder *templum Salomonis*, erhalten, der in Gemächer unterteilten Al-Aqsa Moschee sowie weitere Privilegien und Schenkungen von Adel und Kirche. Im Gegenzug hätten sie dem Patriarchen und den Bischöfen versprochen, nicht zuletzt für ihr eigenes Seelenheil, für den Schutz der Pilger zu sorgen. Als Anführer der Gruppe werden Hugues de Payns und Geoffroi de Saint-Omer genannt. Guillaume berichtet dann über die weitere Entwicklung, die aus der kleinen Gemeinschaft einen einflussreichen geistlichen Ritterorden werden ließ.

Diese Darstellung wird durch spätere, davon unabhängige Quellen bestätigt. Nach der Chronik des Bernard le Trésorier von 1232, die vermutlich auf eine ältere Vorlage der 1180/90er Jahre zurückgeht, hätten sich dem Prior des Heiligen Grabes auch zahlreiche Ritter unterstellt, die sich zum Schutz der Heiligen Stätten verpflichteten. Da sie nicht in ausreichendem Maß zum Einsatz gekommen seien, hätten sie sich mit Erlaubnis des Priors einen Anführer gewählt und den König von Jerusalem aufgefordert, sie im Kampf gegen die Ungläubigen einzusetzen. Schließlich habe der König sie nach Beratung mit den Baronen aus der Unterstellung unter den Patriarchen gelöst und ihnen Land und Burgen zu Verteidigung übergeben.

Die beiden jüngeren Berichte betonen gleichermaßen die aktive Rolle von Rittern, die sich bereits im Heiligen Land befanden und sich den dortigen geistlichen Institutionen, insbesondere dem Patriarchen bzw. den Chorherren vom Heiligen Grab, unterstellt hatten. Tatsächlich lassen sich Ritter nachweisen, die sich als *militia Sancti Sepulchri* («Ritterschaft vom Heiligen Grab») längerfristig oder auch als *milites ad terminum* auf Zeit zum Kriegsdienst im Heiligen Land verpflichtet hatten. *Milites ad terminum* schlossen sich später auch den Templern an. Nach Albert von Aachen soll König Balduin I. den Patriarchen 1101 um Geld gebeten haben, um die Ritter in seinem Dienst im Land zu halten und mit ihrer Hilfe Jerusalem zu verteidigen. Als der Patriarch ihm nur eine kleinere Summe übergab, der König aber von erheblich umfangreicheren Einkünften des Patriarchen hörte, hätte er diesen zornig aufgefordert, «daß er doch aus den Gaben der Gläubigen für die Ritter Sorge tragen und sie für ihn im Solde halten solle, auf daß sie wider die Kräfte der Heiden kämpften und die Pilger und die ganze Kirche vor ihren Angriffen und Feindseligkeiten schützten und verteidigten» (*Recueil*, 4, 547; dt. Albert von Aachen, 2, 60). Der Realitätsgehalt dieser im Weiteren ausführlich geschilderten Auseinandersetzung, die zur Absetzung des Patriarchen führte, ist strittig, doch war der

Patriarch offenbar gehalten, sich an der Versorgung der nach dem Kreuzzug in Jerusalem verbliebenen Ritter zu beteiligen, was zugleich eine Verpflichtung auf sein Amt oder allgemein auf das symbolträchtige Heilige Grab und seine Institutionen nahelegt.

Die Forschung hat immer wieder nach Vorbildern für diese auf Kampf ausgerichteten, aber an religiöse Institutionen gebundenen Gemeinschaften gesucht. Im Anschluss an Joseph von Hammer-Purgstall nahm man an, die Ritter am Heiligen Grab und später die Templer hätten sich an den im islamischen Raum verbreiteten Gemeinschaften in befestigten Konventen orientiert, die sich unter religiöser Lebensführung auf Zeit oder auch auf Lebenszeit dem Kampf gegen die Feinde des Islams widmeten. Es gibt jedoch keine hinreichenden Hinweise auf derartige mit dem weiteren Begriff *ribat* bezeichnete Häuser, die in der ersten Hälfte des 12. Jahrhunderts im islamisch-christlichen Grenzraum bestanden und so als Vorbild hätten dienen können. Ihre Besatzung war sehr unterschiedlich: Sie reichte von Berufstruppen bis zu Freiwilligen, die sich religiösen Übungen widmeten, aber – anders als die *milites ad terminum* – oft nur sehr kurze Zeit im *ribat* verblieben, für 40 Tage oder während des Ramadan. Zudem lagen die *ribat* in Grenzregionen, konzentrierten sich also nicht, wie die Ritter am Heiligen Grab, unter geistlichem Einfluss auf die Verteidigung der zentralen Stätten des Glaubens. Zeitgenössische Einflüsse der *ribat* auf die Kreuzfahrer sind somit wenig wahrscheinlich.

Der Bericht in der Chronik des Bernard le Trésorier legt vielmehr – zusammen mit den anderen Quellen – einen eigenständigen christlichen Ursprung nahe. Die Gründung des Templerordens gehört zweifellos in den Kontext der Ausbildung kirchlicher Institutionen im Heiligen Land, insbesondere beim Patriarchen von Jerusalem und um das Heilige Grab. Die jüngere Forschung hat einen gemeinsamen Ursprung der drei Gemeinschaften angenommen, die für die Entwicklung des Heiligen Landes prägend wurden und – ursprünglich – eine klare Aufgabenteilung hatten: der Chorherren vom Heiligen Grab, die für die Seelsorge und liturgischen Pflichten zuständig waren, der Johanniter, die für das körperliche Wohl der Pilger sorgten, und der Templer, die sie auf ihrem Weg zu den Heiligen Stätten beschützten. Die Entstehung des Templerordens hätte sich vollzogen, als sich die Ritter am Heiligen Grab aus dem Verband beim Patriarchen lösten und – vielleicht bewusst ähnlich wie die inzwischen konstituierte Hospitalbruderschaft der Johanniter – eine eigenständige Gemeinschaft bildeten.

Die verschiedenen Berichte machen klar, dass die Initiative der Ritter auch durch den König von Jerusalem, Balduin II., und die Großen des Königreichs Unterstützung erfuhr. Wenn der Überfall auf die Pilger Ostern 1119 den ersten Anstoß gab, kann man vermuten, dass die Versammlung des Königreichs Jerusalem, die die Bildung der Gemeinschaft gebilligt haben soll, mit einer Zusammenkunft zu Nablus im Januar 1120 identisch ist, die durch eine Reihe von Dekreten belegt ist. Aus derselben Zeit stammt auch ein Schreiben des Patriarchen Warmund und des Priors des Heiligen Grabes, Gerard, an den Erzbischof von Santiago de Compostela, das die unsichere Lage im Königreich in höchster Dramatik schildert. Die Gründung der ritterlichen Gemeinschaft war somit eine Antwort auf aktuelle Probleme und erfolgte im Konsens mit den führenden Vertretern des Königreichs.

Als Leiter des Unternehmens erscheinen bei Guillaume de Tyr zwei Ritter, Hugues de Payns (de Paganis) und Geoffroi de Saint-Omer. Die Überlieferung zur Ordensgeschichte stellt auch sonst häufig Gründerfiguren an den Anfang der Orden, doch kann man in diesem Fall mit einiger Sicherheit davon ausgehen, dass beide zu denjenigen Rittern am Heiligen Grab gehörten, die sich als erste zu der neuen Gemeinschaft zusammenschlossen. Der am Hof Heinrichs II. von England lebende Kleriker Walter Map wollte Hugues sogar zum eigentlichen Gründer des späteren Ordens machen. Hugues stammte aus der Champagne und gehörte möglicherweise einer Seitenlinie der Grafen von Troyes an. Sein Lehnsherr, Graf Hugo von der Champagne, hatte schon 1104 zum ersten Mal das Heilige Land besucht. Als er 1114 kurzzeitig nach Palästina zurückkehrte, wurde er von Bischof Ivo von Chartres ermahnt, weil er seine Frau verlassen hatte und sich offenbar nur noch der geistlichen Ritterschaft widmen wollte.

Tatsächlich trat der Graf aber erst auf einer dritten Reise 1125 in den Templerorden ein. Es lässt sich vermuten, dass Hugues de Payns spätestens 1114 mit dem zweiten Unternehmen des Grafen nach Palästina kam, aber anders als sein Lehnsherr im Lande blieb. Neben Hugues gehörten Geoffroi de Saint-Omer sowie wahrscheinlich auch der zweite Meister des Ordens, Robert de Craon, zu den ersten Templern. Geht man vom – allerdings nicht ganz verlässlichen – Bericht Guillaumes de Tyr aus, so dürften noch sechs weitere Ritter zu dieser ersten Gruppe gehört haben, vermutlich alle aus miteinander verwandtschaftlich oder politisch verbundenen nordfranzösischen Adelsfamilien. Folgt man weiter der Vorrede zur lateinischen Regel, die ebenfalls über die Anfänge berichtet, dürften sich die ersten Brüder nach Ostern 1119 zusammengefunden haben, gefolgt von der offiziellen Gründung und Billigung der Gemeinschaft durch die Großen des Königreichs Jerusalem im oder nach dem Januar 1120.

3. Die Reise Hugues' de Payns und die Synode von Troyes

Guillaume de Tyr hebt in seiner zusammenfassenden Darstellung der Geschichte der Templer bewusst die Bescheidenheit der Anfänge hervor. Er nennt zwar die Ausstattung der neuen Gemeinschaft mit Räumen im Tempel, von dem sich der Name der *militia Templi (Salomonis)*, der «Ritterschaft vom Tempel (Salomons)», ableitet, und erwähnt die Versorgung durch Schenkungen der Chorherren, des Königs und des Patriarchen, die den Erwerb von Nahrung und Kleidung ermöglicht habe. Doch gleichzeitig gibt er den Eindruck wieder, die Brüder seien zunächst in finanziellen und personellen Schwierigkeiten gewesen. So hätten sie noch neun Jahre nach der Gründung weltliche Kleidung getragen, die ihnen von anderen zur Besserung des eigenen Seelenheils geschenkt worden war, und die Zahl von neun Brüdern habe sich nicht erhöht. Erst nach einer Synode zu Troyes in Frankreich habe die Gemeinschaft zahlreiche Mitglieder gewinnen und Besitz erwerben können und sei schließlich reich und mächtig geworden. Dies ist der Kern des Berichts:

Die Templer hätten durch ihren immensen Reichtum ihre bescheidenen Anfänge vergessen und damit ihre Demut verloren.

Guillaume war allerdings parteilich. Als Bischof von Tyrus stand er mit den Templern über die Abgaben der Gläubigen an die Kirchen im Konflikt, die dem Orden übertragen worden waren. So hat er den Gegensatz zwischen früher Armut und späterem Reichtum und Hochmut konstruiert, um seine eigene Position zu stärken. Deshalb müssen seine Angaben über die frühe Entwicklung mindestens teilweise korrigiert werden. Zwar waren die Mittel der Gemeinschaft in den ersten Jahren wohl tatsächlich begrenzt. Das lässt zum Beispiel das älteste Siegel vermuten, das zwei Ritter auf einem Pferd zeigt, oder auch die spätere Selbststilisierung als *pauperes commilitones Christi* («arme Mitstreiter Christi») – auch wenn ein *pauper* im Mittelalter nicht unbedingt arm sein musste, sondern diese Selbstbezeichnung zunächst einmal eine demütige Haltung andeutet. Dennoch setzten weitere Schenkungen bereits vor der von Guillaume erwähnten Synode von Troyes ein, die die Forschung auf Januar 1129 datiert hat. Zu den ersten Förderern dürfte Graf Fulk V. von Anjou gezählt haben, der sich auf seiner ersten Reise ins Heilige Land 1120/21 bei den Templern aufhielt, ihnen danach regelmäßig Gelder zukommen ließ und später von Balduin II. als Erbe des Königreichs Jerusalem auserwählt wurde. Sein Aufenthalt bei den Templern deutet darauf hin, dass die junge Gemeinschaft schon früh Bekanntheit im Westen erlangen konnte, vielleicht über ihre adligen Verbindungen. Dazu kommt, dass zu der Gesandtschaft, die Fulk als Nachfolger Balduins ins Heilige Land zurückholen sollte und mit der zusammen Hugues de Payns 1127 aufbrach, weitere fünf Brüder gehörten. Man kann sich kaum vorstellen, dass nur drei Brüder zurückblieben, wie man auf der Grundlage von Guillaumes Bericht annehmen müsste; ihre Zahl muss höher gewesen sein. Der spätere Bericht Michaels des Syrers spricht von 30 Rittern, die sich ursprünglich gegenüber König Balduin I. auf drei Jahre zum Kriegsdienst im Heiligen Land verpflichtet hätten – dies kommt den tatsächlichen Zahlen wohl näher.

Dennoch war Hugues' Reise sicher auch der Versuch, Antworten auf eine Krise zu finden. Die Zahl der Brüder und die materielle Basis waren auf jeden Fall noch nicht hinreichend, um größere Unternehmen durchzuführen. Die Gesandtschaft Balduins II. zu Fulk von Anjou war darauf ausgerichtet, personelle und materielle Unterstützung für das Heilige Land zu gewinnen, und entsprechend gestaltete sich der Aufenthalt Hugues' im Westen zugleich als Werbereise für die Templer. Sein erstes Ziel war Nordfrankreich, wo der Besitz der Brüder lag, der an die Gemeinschaft übertragen werden sollte, und von wo zuallererst Unterstützung zu erwarten war. Eine erste Schenkung durch den Grafen Theobald IV. von Blois und der Champagne erfolgte bereits im Oktober 1127, und er und der Graf von Flandern, William Clito, erlaubten die Übertragung von Besitz in ihren Ländern an die Templer. Auch Williams Nachfolger Dietrich von Elsass schloss sich im September 1128 der Förderung der jungen Gemeinschaft an. Diese wuchs aber bald über Nordfrankreich hinaus. Spätestens im Frühjahr 1128 kamen Schenkungen aus dem Poitou hinzu, und wohl im Sommer desselben Jahres begab sich Hugues in die Normandie und anschließend nach England und Schottland. Nach dem Bericht der Fassung E der Angelsachsenchronik wurde er von König Heinrich I. in der Normandie mit großen Ehren und Geschenken empfangen und erhielt auch vom englischen und schottischen Adel große Mengen an Silber und Gold, die er nach Jerusalem bringen ließ. Weiter notierte der wahrscheinlich zeitgenössische Autor: «Er rief die Menschen auf, nach Jerusalem zu gehen. Im Ergebnis gingen mehr Menschen, entweder mit ihm oder nach ihm, als jemals zuvor nach dem Ersten Kreuzzug, der in den Tagen Papst Urbans stattfand [...]» (*Two Saxon Chronicles*, 259). Hugues' Reise erwies sich somit als überaus erfolgreich, zunächst in Bezug auf die Unterstützung des Königreichs Jerusalem, dann aber auch für seine Gemeinschaft. Die Stifter verwiesen jeweils in ihren Urkunden zur Begründung für ihre Schenkung auf die Leistungen der Templer. Eine der positivsten Reaktionen war die des Bischofs Simon von Noyons und seines Domkapitels, die nach einer Urkunde von 1130/31 erst mit der ritterlich-geistlichen Gemeinschaft der Templer die gottgegebene Ordnung der

Gesellschaft, die Dreiteilung in Beter, Kämpfer und Arbeiter, wiederhergestellt sahen.

Der Bericht der Angelsachsenchronik macht allerdings auch Kritik deutlich, wenn es darin im Anschluss an die zitierte Stelle heißt, Hugues habe erklärt, im Heiligen Land stehe eine entscheidende Auseinandersetzung zwischen Christen und Heiden bevor, die Menschen, die seinem Aufruf gefolgt seien, hätten aber erfahren müssen, dass alles eine Lüge war. Überhaupt waren die Reaktionen des Westens nicht nur positiv. Insbesondere die von den Templern gelebte Verbindung zwischen Mönchtum und Rittertum stieß auf Unverständnis. Noch um 1125 hatte einer der führenden Vertreter der Kirche seiner Zeit, Bernhard, der Abt des Zisterzienserklosters Clairvaux, der später die Templer unterstützte, eine Reise des Abtes von Morimond ins Heilige Land mit der Bemerkung rundweg abgelehnt, dort würden kämpfende Ritter und keine singenden Mönche gebraucht. Dazu kamen – trotz seiner grundsätzlichen Unterstützung für die Gemeinschaft – die Ermahnungen Guigos, des Priors von La Grande Chartreuse, dem Mutterhaus der Kartäuser, die er während oder nach der Reise Hugues' an diesen richtete. Um die äußeren Feinde erfolgreich bekämpfen zu können, müsse man zunächst die inneren Feinde besiegen; erst wenn man die Seelen von der Sünde gereinigt habe, könne man gegen Barbaren vorgehen. Auch als die Templer bereits etabliert waren, wurden sie von führenden Vertretern der Kirche nicht als gleichwertig empfunden. Petrus Venerabilis, Abt des Klosters Cluny, lobte die Templer um 1150 zwar für ihren Einsatz gegen die Feinde Christi, stellte sie aber in einem Schreiben an Papst Eugen III. als eine Form der Ritterschaft klar hinter Mönche, Kanoniker und Eremiten. Etwa zur selben Zeit bezeichnete Henry of Huntingdon die Verbindung von Mönch und Ritter in einem anderen Zusammenhang als eine neue Art von Monstrum, und der Zisterzienser Isaac von Étoile beschrieb die «neue Ritterschaft» gar als ein Ungeheuer, das Ungläubige mit Gewalt zum Glauben bringen wolle, sie dafür aber beraube und schlachte.

Durch derartige Vorwürfe verursachte Zweifel dürften somit einen weiteren Hintergrund für die Reise Hugues' gebildet ha-

ben. Die Gemeinschaft hatte keine festen, von der Kirche ge-
billigten Regeln, ihr Status war unklar und ungesichert. Dass
dies auch von den Templern so wahrgenommen wurde, geht
aus dem Brief eines nicht näher identifizierbaren *Hugo peccator* («Sünder Hugo») an die *milites Christi* hervor. Dieser wurde
zwar mehrfach mit Hugues selbst gleichgesetzt, entstammte
aber wohl eher einem gelehrten kirchenrechtlichen Milieu. Der
Brief ist in einem Überlieferungskontext erhalten, der die Rezeption im Orden nahelegt, nämlich in einem Manuskript unmittelbar nach der Regel. Der Verfasser weiß von den Zweifeln
der Brüder angesichts der von außen an sie herangetragenen
Kritik. Ihnen werde gesagt, das Gelübde, sich mit Waffen dem
Kampf gegen die Feinde des Glaubens zu widmen, sei verderb-
lich und entspreche nicht dem Weg des Heils. Sie würden als
überheblich bezeichnet, auch weil sie einer höheren Ordnung
angehörten wollten, auf die sie noch keinen Anspruch hätten.
Dabei stehe ihr Waffendienst jeder Kontemplation entgegen.
Der Briefschreiber versucht, den Templern Mut zu machen, und
erklärt die Vorwürfe zu teuflischen Einflüsterungen und Ver-
leumdungen. Die Brüder sollten sich dadurch nicht von ihrem
Weg abbringen lassen. Sie würden nichts Unrechtes tun, wenn
sie die Ungerechtigkeit bekämpften. Sie sollten sich mit Demut
und der rechten Intention ihrer eigentlichen Aufgabe widmen,
dem Kampf für die Verteidigung der Christenheit, der für den
Autor keiner weiteren Rechtfertigung bedurfte.

Es war offenbar die Aufgabe der auch bei Guillaume de Tyr
erwähnten Synode von Troyes, diesen Problemen entgegenzu-
wirken. Sie begann, wie sich anhand der anwesenden Personen
nachweisen lässt, im Januar 1129. Der Prolog zur Regel hebt
ausdrücklich hervor, die Versammlung sei auf Bitten Meister
Hugues' zusammengetreten, der die *militia* begründet habe. Der
Vorsitz lag in der Hand eines päpstlichen Legaten, des Kardinal-
bischofs von Albano, Matthieu du Remois. Anwesend waren
daneben die Erzbischöfe von Reims und Sens, zehn nordfranzö-
sische Bischöfe, acht Äbte sowie weitere Geistliche und einige
weltliche Würdenträger, darunter Theobald, Graf von Blois und
der Champagne.

Hugues, der von mehreren Brüdern begleitet wurde, darunter Geoffroi de Saint-Omer und Payen de Montdidier, legte zunächst dar, welche Gewohnheiten und Lebensregeln die Gemeinschaft bisher verfolgt und wie sie sich entwickelt habe. Daran schlossen sich lebhafte Diskussionen darüber an, was gut und nützlich oder schlecht und abzulehnen sei. Am Ende führte dies zu einem 71 Punkte umfassenden Regelentwurf für die Templer. Er band, soweit man es dem überarbeiteten Text entnehmen kann, die Brüder an die mönchischen Gelübde, Gehorsam, Armut und Keuschheit, und gab den Rittern wahrscheinlich nach dem Vorbild der Zisterzienser einen weißen Mantel, während die dienenden Brüder schwarz oder braun tragen sollten. Gegen den Entwurf wurden allerdings zunächst Bedenken vorgebracht, so dass es nicht zu einer endgültigen Fassung oder gar – vielleicht von Hugues erhofften – päpstlichen Bestätigung kam. Vielmehr wurde die Entscheidung über den Regeltext Papst Honorius II. und dem Patriarchen von Jerusalem, Étienne de la Ferté, überlassen. Das klare Zeichen für die Anerkennung der neuen geistlichen Lebensform war somit ausgeblieben.

4. Das «Lob der neuen Ritterschaft»

Einer der Teilnehmer der Synode von Troyes war der Zisterzienser Bernhard von Clairvaux. Der Prolog zur Regel weist ihm insofern eine besondere Rolle zu, als die Niederschrift der Bestimmungen, angefertigt durch den Schreiber Jean Michel, offenbar von ihm beaufsichtigt und letztlich auch durch ihn beeinflusst wurde. Unter den anderen Teilnehmern waren die Äbte des Mutterklosters Cîteaux, der Engländer Stephen Harding, sowie eines der vier ältesten Tochterklöster, Pontigny. Der anwesende Erzbischof von Sens gilt als Freund Bernhards. Bernhard von Clairvaux und die Zisterzienser spielten somit für die Anfänge der Templer eine zentrale Rolle, vielleicht deshalb, weil sie vielfach denselben ritterlichen Schichten entstammten wie die ersten Templer und weil sie die kirchliche Reformbewegung auch auf das Rittertum ausdehnen wollten.

Bernhard war nicht sofort für den neuen Orden eingenommen, sondern musste erst für ihn gewonnen werden, obwohl auch einer seiner Verwandten, André de Montbard, zu den ersten Brüdern zählte. So hatte er 1125 den Eintritt seines Freunds und Gönners, des Grafen Hugo von der Champagne, in den Orden nur zögernd gebilligt und auf die Diskrepanz zwischen der Stellung eines Grafen und dem Rang eines Ordensmitglieds verwiesen. Einen ersten Anstoß für den Wandel seiner Haltung könnte dann ein Schreiben König Balduins aus der Zeit um 1126 gegeben haben, dessen Zuschreibung allerdings nicht ganz gesichert ist. «Die Templerbrüder, die Gott zur Verteidigung dieses Landes berufen und auf wunderbare Weise unterstützt hat», heißt es im Text, «streben danach, die päpstliche Bestätigung zu erhalten und eine sichere Lebensnorm zu haben» (*Cartulaire*, 1). Bernhard solle seinen Einfluss in diesem Sinne geltend machen und für Unterstützung durch den Papst und die europäischen Fürsten sorgen.

Vor der Synode zu Troyes wurde, wie Bernhard selbst in einem Brief berichtet, erheblicher Druck auf ihn ausgeübt, trotz eines Fiebers an der Versammlung teilzunehmen. Dort begegnete er Hugues de Payns und trat offenbar zu ihm in engeren Kontakt. Hugues bat ihn mehrfach, doch zugunsten der neuen Lebensform Stellung zu nehmen, und hoffte zu Recht auf den Einfluss Bernhards. So entstand vor 1136/37, also noch vor dem Tod Hugues', an den sich Bernhard im Text persönlich wendet, die Schrift *De laude novae militiae*, «Über das Lob der neuen Ritterschaft». Sie entwickelte sich zur grundlegenden Rechtfertigungsschrift nicht nur für die Templer selbst, sondern für den gesamten Ordenszötus der geistlichen Ritterorden. Bernhard, der ja selber einem noch recht jungen Orden angehörte, bezog damit gegenüber der Kritik an den Templern in grundsätzlicher Weise Stellung und legitimierte die neue Institution durch eine scharfe Abgrenzung vom weltlichen Rittertum, allerdings ohne den Vorrang der rein monastischen Lebensform gegenüber der der Ritterorden in Frage zu stellen.

Für Bernhard führt die neue, im Heiligen Land entstandene Ritterschaft die Aufgaben des Mönchtums und die des Rittertums zusammen. Während für das weltliche Rittertum, die *mili-*

tia saecularis, weiterhin gelte, dass Töten im Kampf eine Todsünde sei, wie es die älteren kirchlichen Lehren zum Krieg nahelegen, töteten die Templer im Kampf ohne Sünde und hätten die Gewissheit, bei ihrem Tod im Kampf das Ewige Leben zu gewinnen.

Die *militia saecularis* ist für Bernhard eher eine *malitia*, eine Gemeinschaft des Bösen, die durch Streit- und Prunksucht sowie die eitle Suche nach Ruhm und Besitz geprägt ist. Die ritterlichen Tugenden träten dahinter völlig zurück. An erster Stelle kritisiert Bernhard die weltliche Pracht dieser Ritter. Sie schmückten ihre Waffen und ihre Pferde mit edlen Metallen und Steinen, nur um in furchtloser Dummheit ihrem Tod entgegenzugehen. Damit hängt aber der zweite Kritikpunkt zusammen. Sie kämpften nicht mit der richtigen Intention, sondern handelten auf schwacher und leichtfertiger Grundlage, aus oberflächlichen und weltlichen Motiven wie etwa Zorn und Besitzgier. «Bei solchen Anlässen gewährt weder das Töten noch das Sterben Sicherheit [für das eigene Seelenheil]» (Bernhard, *De laude*, 275).

Dem werden in leuchtenden Farben die Tempelritter gegenübergestellt. Sie seien die wahren Ritter Christi, die für Christus siegten, wenn sie dessen Feinde töteten, und Christus gewönnen, wenn sie selbst umkämen. Wenn sie das Schwert führten und Übeltäter töteten, seien sie Diener Gottes. Das gelte auch für den Kampf gegen Heiden. Wenn man diese töte, diene das dem Ruhme Christi, wenn aber die Ritter getötet würden, gebe das Christus als ihrem König die Gelegenheit, sie angemessen zu belohnen. Allerdings bedeutet das für Bernhard nicht, dass man Heiden töten muss, wenn es auch andere Wege gibt, sie davon abzuhalten, die Gläubigen zu bedrängen und zu verfolgen. Im Sinne der Diskussionen über christliche Kriegführung rechtfertigt er den Einsatz von Gewalt als ein Mittel, den Christen Frieden zu verschaffen. Gott habe, so ließen sich auch die Stellen des Alten Testaments verstehen, Jerusalem die neue Ritterschaft gesandt, um es aus seinen Nöten zu befreien.

Bernhard wendet sich dann der Lebensform der Templer zu. Sie erfüllten die mönchischen Gebote des Gehorsams, der Armut und der Keuschheit, folgten ohne Widerspruch den Befeh-

Kreuzfahrer oder Ritterbrüder reiten zum Kampf
(Templer-Kapelle in Cressac-sur-Charente)

len des Meisters, lebten ohne allen Überfluss gemeinsam in
einem Haus, ohne Frauen und Kinder. Sie säßen niemals untätig
herum oder liefen müßig umher. Selbst die wenigen Momente,
in denen sie nicht im Dienst seien, nutzten sie dazu, ihre beschä-
digten Waffen oder ihre Kleidung zu flicken. Es gebe zwischen
ihnen keine Rangunterschiede; Verdienst, nicht Adel zähle. Sie
wetteiferten in gegenseitiger Rücksichtnahme, einer trage des
anderen Last, niemand spreche überflüssige Worte. Entsprechend hielten sie sich von allem fern, was beim weltlichen Rittertum üblich sei. Sie spielten und jagten nicht und interessier-
ten sich nicht für Narren, Sänger, Magier und Turniere.

Auch kümmerten sie sich nicht um ihre äußere Erscheinung.
«Sie scheren sich die Haare, da sie wohl wissen, dass es auch
nach dem Apostel für den Mann eine Schande ist, die Haare
lang zu tragen. Niemals gekämmt, selten gebadet, erscheinen sie
vielmehr borstig, weil sie die Haarpflege vernachlässigen, von
Staub beschmutzt, von der Rüstung und von der Hitze ge-
bräunt» (ebd., 283). Wenn sie in den Kampf zögen, bereiteten
sie sich innerlich vor, bewaffneten sich mit Stahl und guten Pferden, statt auf Reichtum zu setzen. Für Bernhard sind sie zugleich
sanfter als Lämmer und wilder als Löwen, «so daß ich im Zwei-

fel wäre, was ich sie eher nennen sollte, nämlich Mönche oder
Ritter, wenn ich sie nicht schon wohl recht zutreffend beides
genannt hätte. Denn ihnen fehlt, wie man sieht, keines von beiden, weder die Sanftmut des Mönches noch die Tapferkeit des
Kriegers» (ebd., 285). Bernhard schließt mit einem Kapitel, das
eine Art von Reiseführer zu den Heiligen Stätten darstellt, als
wolle er den Templern vor Augen führen, was sie zu schützen
hatten und woran sie sich orientieren sollten.

«Über das Lob der neuen Ritterschaft» verschaffte den Templern jedenfalls den endgültigen Durchbruch. Die Schrift wurde
vielfach rezipiert, und die Gemeinschaft wurde im Westen bekannt. Noch war allerdings der Wunsch Balduins II. nicht er-
füllt, dass die Templer eine feste Regel und päpstliche Unterstützung erhalten sollten.

5. Schenkungen, päpstliche Anerkennung und erste Strukturen der Gemeinschaft

Hugues kehrte im Laufe des Jahres 1129 vermutlich mit Fulk
von Anjou ins Heilige Land zurück. Seine Reise war trotz fortbe-
stehender Probleme sehr erfolgreich gewesen. Überall hatte seine
Werbung dazu geführt, dass kleinere Adlige und Ritter der Gemeinschaft beitraten. Zwar fiel ein großer Teil der Neuankömm-
linge bereits im Dezember 1129 im Kampf gegen eine kleine
Gruppe von muslimischen Gegnern, doch hatte sich die personelle Situation gegenüber 1127 offenbar deutlich verbessert, und
es kam nun kontinuierlich Verstärkung. Auch der Besitz der
Templer vergrößerte sich, insbesondere durch Schenkungen in
Europa. Allerdings machten es diese Schenkungen erforderlich,
dass Ordensbrüder zurückblieben, um den Ordensbesitz zu verwalten. Das galt insbesondere für Frankreich und Spanien.

Dabei entstanden erste Verwaltungsstrukturen der Gemeinschaft, die sich möglicherweise an die Besitzverwaltung der Johanniter anlehnten, die seit etwa 1120 – noch als Hospitalorden
– um ihr frühes Zentrum St. Gilles eine Provinzorganisation
aufbauten. 1130/31 ist mit Payen de Montdidier der erste Templer mit regionaler Zuständigkeit im Westen belegt, offenbar für

Nordfrankreich, während er nach 1138 in England tätig war.
Payen erscheint in der Schenkungsurkunde des Bischofs von
Noyons und seines Domkapitels als Zeuge. Ihm habe der Meister der Templer, Hugues de Payns, «die Verwaltung ihres Besitzes in dieser Gegend übertragen» (*Cartulaire*, 24), heißt es
dort. Für Südfrankreich und Spanien scheint dagegen spätestens
1133 Hugues de Rigeaud verantwortlich gewesen zu sein, wohl
1136 gefolgt von Arnaud de Bedocio. Diese Zweiteilung verfestigte sich im Folgenden, wie aus einer Urkunde von 1143 hervorgeht, in der mit Everard des Barres ein «Meister von Frankreich» und mit Pierre de Rovière ein «Meister der Provence und
gewisser Teile Spaniens» nachgewiesen ist (*Cartulaire*, 205).
Daneben gab es weitere Amtsträger, deren Funktion unklar ist,
die aber zumindest teilweise weitergehende Kompetenzen hatten. So nennt etwa eine Schenkungsurkunde von 1133 unter
den Zeugen einen Bruder Guillaume Falco, der «die Almosen
der Ritter des Tempels jenseits des Meeres unter seiner Obhut
hat» (*Cartulaire*, 43). Mit dem Seneschall Robert, der 1132 und
1136 für Unterstützung warb und wahrscheinlich mit dem
zweiten Meister Robert der Craon identisch ist, lässt sich zudem
eines der zentralen Ämter bereits unter Hugues de Payns fassen.
Aber noch waren die Strukturen im Aufbau begriffen.

In den christlichen Königreichen der Iberischen Halbinsel
muss die junge Gemeinschaft besonderen Eindruck hinterlassen
haben. Die christlichen Herrscher sahen in der Förderung der
Templer offenbar eine Möglichkeit, ihren Kampf gegen die
Mauren zu intensivieren. Schon 1128 übergab ihnen Gräfin
Theresa von Portugal die Grenzfestung Soure, auch wenn diese
hier erst in den 1140er Jahren aktiv wurden. 1130 entschied
sich dann Graf Raimund Berengar III. von Barcelona zu einem
spektakulären Schritt. Er trat den Templern bei, ohne allerdings
auf seine Herrschaft und seine Rechte zu verzichten. Der kinderlose König Alfons I. «El Batailladór» von Aragón ging 1131
sogar noch weiter. Er vermachte sein Reich testamentarisch zu
gleichen Teilen an die drei zentralen geistlichen Gemeinschaften
am Heiligen Grab, an die Chorherren, die Johanniter und die
Templer, offenbar in Anknüpfung an die traditionelle Aufga-

benteilung dieser Korporationen in Seelsorge, Hospitalität und
«Heidenkampf». Auch wenn diese Schritte jeweils politische
Hintergründe hatten und die Umsetzung der Schenkungen noch
geregelt werden musste, gewann die Iberische Halbinsel für die
Gemeinschaft damit eigenständige Bedeutung. In der Folge wurden die Templer daher auch in den Kämpfen der Reconquista
gegen die Mauren eingesetzt.

Hugues de Payns starb im Mai 1136 oder 1137, ohne die
päpstliche Bestätigung der Regel oder des Ordens erreicht zu
haben. Sein Nachfolger wurde der aus hochadligem Haus stam-
mende Robert de Craon (Robertus Burgundio), eines der frühesten neuen Mitglieder der Gemeinschaft aus dem Umfeld des
Königs von Jerusalem, Fulk von Anjou. Schon bald nach seiner
Wahl zum Meister, 1138, reiste er wiederum nach Europa, um
für die weitere Unterstützung der Templer zu werben. Die personellen Verluste von 1129 waren offenbar noch nicht völlig
ausgeglichen, und die teure Einfuhr von Nahrungsmitteln und
Pferden, an denen im Heiligen Land Mangel bestand, war nicht
gesichert. Die fortbestehende Einbindung des Templerbesitzes
in die Diözesen führte zudem zu finanziellen Belastungen, weil
davon immer noch der Zehnte an die Bischöfe abgeführt werden musste. Überdies stellten die Konflikte zwischen dem König
und dem Patriarchen von Jerusalem eine Belastung dar, da die
Gemeinschaft beiden gleichermaßen verpflichtet war.

Robert suchte deshalb Unterstützung bei Papst Innozenz II.,
der gerade – nach dem Tode des Gegenpapstes Anaklet II. 1138
– die Folgen einer Kirchenspaltung beseitigt hatte, die vielleicht
auch eine frühere päpstliche Stellungnahme zugunsten der
Templer verhindert hatte. Dem neuen Meister gelang, was Hugues versagt geblieben war. Am Vorabend des II. Laterankon-
zils, das die wieder hergestellte Einheit der Kirche machtvoll
demonstrieren sollte, am 29. März 1139, ließ der Papst unter
Beteiligung einer großen Zahl von Kardinälen den Templern ein
umfangreiches Privileg ausfertigen, das allgemein nach seinen
Anfangsworten *Omne datum optimum* («Jede beste Gabe [und
jedes vollkommene Geschenk kommt von oben vom Vater der
Gestirne ...]», Jak. 1,17) benannt wird. Eine solche Gabe sei die

Templergemeinschaft, mit deren Gründung die Brüder, einst «Kinder des Zorns», sich einem gottgefälligen Leben zugewandt hätten und nun Teil der Ritterschaft Christi seien, wahre Israeliten und disziplinierte Kämpfer im göttlichen Krieg. Wenn Innozenz sie im Namen Gottes und Sankt Peters aufforderte, mit allen Mitteln die katholische Kirche zu verteidigen, gegen die Tyrannei der Heiden vorzugehen und ohne Furcht die Feinde des Kreuzes Christi zu bekämpfen, erkannte er damit die besondere Rolle der Gemeinschaft an und machte sie faktisch zum militärischen Arm des Papsttums.

Der Papst verlieh den Templern mit *Omne datum optimum* weitreichende Privilegien. Er nahm sie und ihren Besitz, auch den künftigen, unter den Schutz des Heiligen Stuhls. Das in ihren Häusern etablierte religiöse Leben unter Keuschheit, Armut und Gehorsam sollten sie unter der Leitung des Meisters und ungestört von außen fortführen. Nach dem Tode Roberts und seiner Nachfolger sollte immer wieder ein Mitglied an die Spitze der Gemeinschaft treten, gewählt von allen Brüdern oder zumindest «ihrem besseren und reineren Teil» (Papsturkunden, 1, 206). Was die Lebensführung ihrer Gemeinschaft betraf, sollten die von Meister und Brüdern eingeführten Gewohnheiten nicht von außen verändert werden. Alle Wandlungen bedurften der Zustimmung des Meisters und der Mehrheit des Kapitels, die damit das Recht zur Ausgestaltung der Regel erhielten. Die Templer durften ihre Kriegsbeute vollständig behalten, und keine weltliche oder geistliche Institution durfte von Meister und Brüdern einen Lehenseid oder Ähnliches verlangen. Ohne ihren Willen durften keine Zehnten mehr von ihnen eingefordert werden, und die von ihnen erhobenen Zehnten durften sie für eigene Zwecke verwenden. Keiner der Brüder durfte die Gemeinschaft nach dem Eintritt wieder verlassen, nicht einmal, wie im Mönchtum möglich, zugunsten eines Ordens mit strengeren Lebensformen.

Besondere Bedeutung kam auch der Erlaubnis zu, ehrenhafte Kleriker und Priester aufzunehmen, «sodass die kirchlichen Sakramente und Gottesdienste in eurer heiligen Gemeinschaft umso angemessener dargeboten werden können» (Papsturkunden, 207). Das betraf nicht nur das Haupthaus, sondern auch alle weiteren Häuser der Gemeinschaft, und wo die zuständigen Bischöfe ihre Hilfe versagten, konnten die Templer die Kleriker aufgrund der Autorität der Kirche selbst auswählen und einen beliebigen Bischof um die Priesterweihe bitten. Die künftigen Priesterbrüder wurden unmittelbar dem Meister unterstellt, unterlagen der Kontrolle durch das Kapitel und sollten in den zu erbauenden Gotteshäusern der Gemeinschaft sowie der Klientel des Ordens dienen, den angeschlossenen *confratres*, den Stiftern, Lohnarbeitern und Zinsleuten. Die Stifter sollten geistlich besonders bevorzugt werden.

Diese Rechte wurden ergänzt und bestätigt durch zwei weitere päpstliche Privilegien, *Milites Templi* (1144) von Papst Cölestin II., und *Militia Dei* («Ritterschaft Gottes», 1145) von Eugen III. Cölestin forderte die geistlichen Amtsträger zur Unterstützung von Spenden an die Templer auf. Die Spender sollten dafür vom siebenten Teil der ihnen auferlegten Bußen befreit werden. Eugen bekräftigte das Recht der Gemeinschaft zur Aufnahme eigener Priester, zur Errichtung von Kapellen und Friedhöfen sowie zur Bestattung von Klientel und Förderern. Mit diesen päpstlichen Privilegien, die im Folgenden immer wieder bestätigt wurden, waren die Templer zu einem in der gesamten lateinischen Christenheit wirksamen geistlichen Orden geworden. Die grundlegenden Rechte – Unterstellung unter das Papsttum, Exemtion von lokalen kirchlichen Gewalten, Zehntfreiheit, gewisse Selbstorganisation, eigene Priesterschaft – boten ein Modell für die Ausstattung der jüngeren Ritterorden, auch wenn deren Umfang sehr unterschiedlich ausfallen konnte.

Diese Privilegierung erlaubte nunmehr eine eigenständige Entwicklung des Ordens. Grundsätzlich musste es darum gehen, ein «Netzwerk» aufzubauen, um die Einkünfte und Rechte in den Herkunftsregionen des Westens für die Aufgaben im Heiligen Land nutzbar machen zu können. Personal, Material und Geld mussten in hinreichendem Umfang nach Palästina transferiert werden. Dies gelang, und so wurden die Templer schließlich im Laufe des 12. Jahrhunderts zu einem Machtfaktor im Heiligen Land.

6. Der Besitzausbau im Heiligen Land

Die Ausbildung der Strukturen des Ordens und die Ausweitung seiner Besitzungen führten dazu, dass die Templer seit der Mitte des 12. Jahrhunderts praktisch untrennbar mit der Geschichte der Kreuzfahrerstaaten verbunden waren. Sie wurden zusammen mit den Johannitern so etwas wie der ständige «Kern» des Heeres des Königreichs Jerusalem, für das sie neben den Ritterbrüdern leichter bewaffnete Kavallerie, die sog. Turkopolen, und eigene Aufgebote stellten. Sie waren zunehmend auch an politischen Entscheidungen beteiligt und erwarben vielfach grundherrliche Rechte, insbesondere dort, wo die weltlichen Barone ihren Aufgaben nicht mehr nachkommen konnten. Letztlich wurden sie so zu Territorialherren mit weltlichen Befugnissen. Damit gerieten sie aber immer wieder auch mit den Bischöfen und dem regionalen Klerus in Konflikt, da sie aufgrund ihrer päpstlichen Privilegierung die Zehnten einziehen konnten, ohne Gelder an die Kirchen vor Ort abführen zu müssen.

Ausgangspunkt dieser Entwicklung waren die Schenkungen, die die Templer im Heiligen Land erhielten. Auch wenn die Überlieferung sehr spärlich ist, bildeten sicher die Besitzungen im Königreich Jerusalem, die ihnen seit den 1120er Jahren von Patriarch, König und Adel übertragen wurden, den Kern ihrer Ausstattung. Seit den frühen 1130er Jahren verfügten die Templer zudem über Häuser und Güter in der Grafschaft Tripolis und dem Fürstentum Antiochia, wie auch ein Privileg des Grafen von Toulouse von 1134 nahelegt, das die freie Vergabe von Besitz an den Orden nach dem Beispiel des Königs von Jerusalem, des Grafen von Tripolis und des Fürsten von Antiochia erlaubt. Dieser Besitz war offenbar so umfangreich, dass sich Meister Robert de Craon nach seiner Rückkehr aus dem Westen 1139 dort für einige Zeit aufhielt.

Die Besitzverhältnisse der Templer entwickelten sich in den Regionen des Königreichs Jerusalem und in den anderen Kreuzfahrerstaaten recht unterschiedlich. In den Küstenstädten konnten sie kaum Fuß fassen, dort dominierten die italienischen

Handelsmächte Venedig, Genua und Pisa. Im Umfeld von Tyrus, das selbst während des 13. Jahrhunderts relativ sicher, fruchtbar und deshalb auch ertragreich war, erwarben die Templer zum Beispiel nur zwei Drittel eines Dorfes. Eine Ausnahme bildete Akkon, das sich nach dem Verlust Jerusalems 1187 zum Zentrum des Königreichs entwickeln sollte. Der Orden besaß dort eine Reihe von Häusern, die gegen Zins an Bürger ausgegeben wurden (als *tenure en bourgeoisie*) und nur mit Zustimmung des Ordens – d. h. gegen Gebühr, unter Aufrechterhaltung des Vorkaufsrechts – verkauft werden durften. Hausbesitz in einigem Umfang gab es daneben vor 1187 wohl auch in Jerusalem.

Wesentlich umfangreicher war der ländliche Besitz der Templer. Er bestand zum einen aus einer wachsenden Zahl von Festungsanlagen, die der Orden übernahm oder errichtete, zum anderen aus zahlreichen Dörfern, Mühlen und Ländereien, auf denen die von ihnen abhängige Bevölkerung arbeitete, wohl (orientalische) Christen ebenso wie Muslime, die mit ihren Abgaben zum Unterhalt der Besatzungen und zur Finanzierung der Aufgaben des Ordens beitrugen. Überhaupt lassen sich die Burgen nicht von ihrer ländlichen Umgebung trennen. Denn sie konnten ohne Unterstützung durch das Umland nur begrenzte Zeit aushalten, sodass der Orden teilweise – insbesondere nach kriegerischen Verwüstungen – auch die erneute Kultivierung einzelner Gebiete übernahm.

Eine erste Festung könnten die Templer vielleicht noch vor dem Zweiten Kreuzzug erhalten haben, Toron des Chevaliers (Latrūn), etwa zur Hälfte auf dem Weg von Jaffa nach Jerusalem gelegen, eine Gründung des Grafen von Toledo, Rodrigo Gonzalez, aus der Zeit um 1140. Den Kern der Anlage bildete nach neueren Ausgrabungen ein Bergfried von etwa 14 qm Grundfläche, die Mauern umschlossen eine Fläche von 72 mal 55 Metern. Der Ort besaß große strategische Bedeutung, sodass die Templer mit der Übernahme Torons auf besondere Weise ihrer Kernaufgabe, dem Pilgerschutz, nachkommen konnten. Die Burg musste allerdings 1187 nach der Niederlage des Heers der Kreuzfahrerstaaten bei Hattin im Austausch gegen die Frei-

lassung des Meisters Gérard de Rideford aufgegeben werden
und wurde 1191 endgültig zerstört.

Die nächste größere Festung, die dem Orden im Königreich
Jerusalem übergeben wurde, war das Kastell in Gaza. Dies geschah im Winter 1149/1150, als König Balduin III. die noch in
ägyptischen Händen befindliche Küstenstadt Askalon, 16 Kilometer nördlich von Gaza gelegen, einzuschließen begann. Ein
kleiner Teil des Hügels, auf dem sich die Stadt befand, wurde
durch den König mit starken Mauern und Türmen befestigt,
und fränkische Siedler zogen in die Stadt. Die Templer sollten in
Gaza nicht nur Angriffe aus Askalon abwehren, sondern auch
die Versorgung der Gegner aus Ägypten unterbinden.

Etwa in dieselbe Zeit dürfte der erste Ausbau von Festungen
fallen, die im umkämpften Grenzraum zu Byzantinern und
Muslimen nördlich von Antiochia lagen. Die frühe Präsenz der
Templer im Heer Fürst Raimunds I. von Antiochia ist für das
Jahr 1137 durch byzantinische Quellen belegt. Die wachsenden
personellen und materiellen Ressourcen erlaubten den Templern, befestigte Plätze in der Region zu übernehmen und nach
ihren Vorstellungen umzubauen oder auch neu anzulegen. Das
wichtigste, noch heute zum Teil erhaltene Kastell war Baghras
(Gaston), 26 Kilometer nördlich von Antiochia, das mit drei
Mauerringen befestigt war. Zusammen mit Darbsak, La Roche
de Roussel und La Roche Guillaume sowie Port Bonnel (Ar-
souz) an der Küste entstand so eine Kette von Burgen, die das
Fürstentum bis zu ihrer Eroberung durch Saladin, den Herrscher Ägyptens und Syriens, der nach seinem Sieg 1187 bei Hattin große Teile der Kreuzfahrerstaaten erobern konnte, im Jahre
1188 nach Norden absicherte. Die Templer gewannen hier eine
nahezu autonome Stellung und beherrschten die Grenzregion
weitgehend allein.

Ähnlich war ihre Stellung in der Grafschaft Tripolis um Tortosa. Nach der kurzzeitigen Besetzung und Zerstörung der Stadt
durch Nūr-ad-Dīn von Aleppo und der Vertreibung ihres weltlichen Herrn, Raynouard de Maraclea, im Frühjahr 1152
wandte sich Bischof Guillaume an den Orden mit der Bitte um
Hilfe. Er überließ den Templern ein Areal im Nordwesten der

Stadt zur Errichtung einer Burg, die auch den regen Pilgerverkehr in Tortosa schützen sollte. Es entstand eine mächtige Anlage mit einer Mauerlänge von 54 Metern zur Seeseite, zwei Mauerringen zur Landseite und zahlreichen Türmen. Ihren Kern bildete ein von zwei Türmen flankierter Bergfried von 35 qm Grundfläche. Zusammen mit dieser Anlage wurden zwei weitere Burgen im Landesinneren in den Bergen errichtet, die das Hinterland Tortosas absichern sollten, Chastel Blanc und al-Arimah. Chastel Blanc besaß eine noch größere Ausdehnung als das Kastell in Tortosa. Seine Außenmauern umfassten ein Areal von bis zu 165 Metern Länge und 100 Metern Breite. Nach den Erdbeben von 1170 und 1202 wurden sie mehrfach wieder aufgebaut. Der bis heute erhaltene Bergfried ist zweigeschossig, hat eine Grundfläche von 31 mal 18 Metern und schloss eine Zisterne und eine Kapelle ein. Die Templer erhielten auch in dieser Region weitgehende politische Autonomie, wohl durch die Rechte, die ihnen die Grafen Raimund II. und Raimund III. verliehen, sodass die Forschung für die Jahre vor 1187 sogar von einer «Pfalzgrafschaft» der Templer gesprochen hat. Sie kontrollierten die von ihnen abhängige Bevölkerung, zogen Abgaben ein, hatten Anspruch auf Teile etwaiger Kriegsbeute und konnten selbst mit den benachbarten muslimischen Herrschern Verträge schließen. Die Stadt Tortosa konnte 1188 unter der Leitung der Templer und ihres Meisters Gérard de Ridefort sogar gegen einen Angriff Saladins verteidigt werden.

Im Königreich Jerusalem erhielten oder errichteten die Templer in den 1160er und 1170er Jahren eine Reihe von Festungen in Grenzräumen oder in anderen besonders bedrohten Regionen. Zunächst kam 1166 ein Außenposten der Herren von Oultrejourdain, Ahamant (Amman), mit dem Eintritt des Landesherrn Philippe de Milly mit Zustimmung König Amalrichs I. an den Orden. Im Norden Galiläas erwarben die Templer 1168 mit erheblicher finanzieller Hilfe Amalrichs die Burg Safad. Sie ging zwar 1188 nach einer schweren Belagerung durch Saladin verloren, konnte jedoch 1240 während des Kreuzzugs Theobalds von Navarra und der Champagne zurückgewonnen und stärker befestigt neu aufgebaut werden, bevor sie 1266 endgültig durch den Mamlukensultan Baibars erobert wurde. Eine dritte Festung, Chastellet an der Jakobsfurt, entstand mit königlicher Förderung 1178 am Jordan nördlich des Sees Genezareth, um den nördlichen Zugang zum Königreich Jerusalem zu kontrollieren. Dies verstieß allerdings gegen die Verträge mit Saladin, der die den Templern übergebene Burg deshalb im folgenden Jahr zweimal belagerte und schließlich unter heftigen Kämpfen einnahm.

Die Burgen im Landesinneren schützten dagegen zunächst einmal die Pilgerwege, wie das für Toron de Chevaliers erkennbar ist. So lag Castel Arnald ähnlich wie Toron auf dem Weg zwischen Jaffa und Jerusalem, und Maldoim (die «Rote Zisterne»), mit einem durch rechteckige Außenmauern und Gräben geschützten Bergfried, befand sich am Weg zum Jordan, den die Pilger aufsuchten, um in seinem Wasser zu baden. Eine andere Funktion hatte La Fève (al-Fula) zwischen Jerusalem und Akkon. Seine zentrale Lage an der Kreuzung mehrerer Straßen machte es zum idealen Sammelpunkt für die Kontingente des Ordens. 1183 kam hier das Heer des gesamten Königreichs zusammen. Die Burg, die eine Fläche von 120 mal 90 Metern umschloss, hatte folglich eine große Besatzung und umfangreiche Vorräte an Lebensmitteln und Waffen. Man kann von bis zu 50 oder 60 Ritterbrüdern ausgehen, die hier tätig waren, unterstützt durch ein Mehrfaches an weiterem Personal.

Das gewissermaßen natürliche Zentrum des Ordens war dennoch bis 1187 das Areal des Tempelbergs in Jerusalem, um die al-Aqsa Moschee, die Balduin II. in den 1120er Jahren geräumt hatte, als er in der Nähe des «Davidsturms» einen königlichen Palast errichten ließ. Die Templer nahmen in den folgenden Jahrzehnten zahlreiche Um- und Ausbauten im Umfeld der Moschee vor, sodass hier ein geistliches, militärisches und administratives Zentrum entstand. Dies wird auch im Bericht eines deutschen Jerusalempilgers deutlich, dem *Libellus de locis sanctis* («Büchlein über die Heiligen Stätten») Theoderichs. Der «salomonische Palast», d.h. die Moschee, sei «wie eine Kirche lang gestreckt und von Säulen getragen, und am Ende der heiligen Stätten erhebt er sich zu einem kreisförmigen Dach, groß und

rund, auch wie bei einer Kirche» (*Libellus*, 26). Der Gebets-
raum der Moschee war für die Zwecke des Ordens in Zellen
eingeteilt worden, und die darunter liegenden Gewölbe, die man
als «Ställe Salomos» verstand, dienten als Speicher und Lager-
räume, aber auch als Stallungen. Deutlich übersteigert heißt es
dazu bei Theoderich, er könne nach seiner Schätzung bezeugen,
«dass sie 10 000 Pferden und ihren Knechten Platz bieten»
(ebd.). Dazu kamen Neubauten. «Auf der anderen Seite des Palastes, das heißt im Westen, haben die Templer ein neues Haus
errichtet, dessen Höhe, Länge und Breite und alle seine Keller
und Refektorien, Treppe und Dach weit über die Gebräuche
dieses Landes hinausgehen. Tatsächlich ist sein Dach so hoch,
dass mir meine Zuhörer kaum glauben würden, wenn ich er-
wähnen würde, wie hoch es ist» (ebd., 27).

Die meisten dieser Bauten der Templer wurden nach der Er-
oberung Jerusalems durch Saladin im Oktober 1187 zerstört,
sodass nur wenige weitere Berichte vorliegen. Ein anderer deut-
scher Pilger, Johann von Würzburg, schätzte die Kapazität der
Stallungen auf 2000 Pferde oder 1500 Kamele, doch sind diese
Zahlen für den Bedarf des Ordens sicher viel zu hoch angesetzt.
Es lässt sich überhaupt kaum ermitteln, wie viele Brüder diese
Anlagen genutzt haben. Wenn man aufgrund der Angaben bei
Guillaume de Tyr und anderen von rund 300 Ritterbrüdern und
vielleicht 1000 Sergeanten und dienenden Brüdern im König-
reich Jerusalem ausgeht, dürfte der Großteil von ihnen auch im
Haupthaus gelebt haben, um den Aufgaben des Ordens nachge-
hen zu können.

7. Der militärische Einsatz im Heiligen Land

Die vom Orden erworbenen oder erbauten Burgen hatten verschiedene militärische Funktionen. Sie dominierten die umlie-
genden Gebiete und sicherten so die durchführenden Straßen,
sie konnten unter günstigen Bedingungen auch gegen größere
Heere für einige Zeit verteidigt werden, sie erlaubten die Unter-
bringung von Kämpfern für den Schutz der Pilger oder für
kleinere Unternehmen gegen muslimisches Territorium, und sie

dienten als Materiallager und Sammelpunkte für die Feldzüge
in den Kreuzfahrerstaaten. Die Templer waren somit schon bald
nicht mehr nur für den Schutz von Pilgern zuständig, sondern
trugen auch erheblich zur Verteidigung und Ausweitung des
Königsreichs Jerusalem und weiterer Territorien bei. Allerdings
brachten schon die kleineren Kampagnen oft ein hohes Risiko
mit sich und führten zu Niederlagen. So fanden offenbar viele
Adlige den Tod, als Robert de Craon 1139 ein gemischtes Kontingent gegen eingedrungene Turkmanen oder Beduinen führte,
die Pilger am Toten Meer bedrängt hatten, und schwer geschlagen wurde.

Die neue Rolle der Templer machte auch der Zweite Kreuzzug deutlich. In der Vorbereitungsphase wohnten der französische König Ludwig VII. und Papst Eugen III. sowie vier französische Erzbischöfe am 27. April 1147 in Paris dem ersten
großen Kapitel unter Beteiligung von 130 Ordensrittern bei.
Der Papst soll den Templern auf dieser Versammlung das Recht
erteilt haben, auf ihren weißen Mänteln ein rotes Kreuz zu tragen, das das Zeichen des Leidens Christi mit der Farbe des
Blutes als Ausdruck des Lebens verband. Die Beteiligung des
Meisters Robert de Craon an den anschließenden militärischen
Unternehmungen ist unsicher – er starb wahrscheinlich im Januar 1149 nach dem Kreuzzug. An seiner Stelle tritt jetzt der
(nord)französische Meister der Templer, Éverard des Barres, ins
Zentrum der militärischen und politischen Ereignisse.

Im Herbst 1147 gehörte er zum Vorauskontingent des französischen Kreuzheeres in Konstantinopel, vermittelte ein schlich-
tendes Eingreifen des byzantinischen Kaisers Manuel I., als es
zwischen den Kreuzfahrern zum Streit kam, und nahm an Verhandlungen mit dem Kaiser über den Durchzug des Heeres teil.
Als es nach den ersten schweren Angriffen der Seldschuken um
die Jahreswende 1147/48 in den Bergen Kleinasiens zu weiteren
Problemen kam, half Éverard bei der Organisation der Abwehr.
Angesichts hoher Verluste ließ der französische König die verbliebenen Truppen nach dem Vorbild der Templer strukturieren
und stellte jeweils einen Templer an ihre Spitze. Auf diese Weise
erreichte das Heer unversehrt die Küste. Als Ludwig VII. im

März 1148 in Antiochia ankam, waren jedoch seine Mittel ver-
braucht. Wie er in einem Brief an Abt Suger von St. Denis, den
Verwalter des Königreichs während seiner Abwesenheit, her-
vorhob, hätte der König in dieser Lage ohne die Hilfe der
Templer aufgeben müssen, die ihm ungeachtet eigener finanzieller Probleme eine erhebliche Summe liehen. Der Brief nennt
2000 Mark (über 460 Kilogramm) Silber und 30 000 Schillinge
Tourer Währung. Im Mai reiste Éverard dann in königlichem
Auftrag nach Akkon, um den Transfer neuer Gelder aus Frankreich zu organisieren.

Trotz dieser Bemühungen endete der Kreuzzug mit einem
Fehlschlag. Eine Versammlung der Kreuzfahrer und der Großen
des Königreichs Jerusalem unter Balduin III., Ludwig VII. und
Konrad III., dem römisch-deutschen König, an der auch Meister Robert de Craon teilnahm, entschied sich für den Angriff
auf das verbündete Damaskus. Als dieser aufgrund taktischer
Fehler scheiterte, suchte man die Schuld in Verrat, um die Beteiligten zu entlasten. Am Ende machten einige deutsche Autoren
sogar die Templer für das Desaster verantwortlich. Ein ano-
nymer Würzburger Annalist meinte, die Brüder hätten sich be-
stechen lassen, und Ähnliches berichtet in den 1160er Jahren
auch Johann von Würzburg. Selbst der englische Gelehrte John
of Salisbury weiß von den Vorwürfen gegen den Orden, hebt
aber hervor, Ludwig VII. habe den Orden stets vor ihnen in
Schutz genommen.

Éverards des Barres Ansehen war dennoch so gewachsen,
dass er nach dem Tod Roberts de Craon zum neuen Meister der
Templer gewählt wurde. Er folgte dem französischen König
wieder in den lateinischen Westen, wohl deshalb, um ein neues
Unternehmen vorzubereiten. Als Raimund von Antiochia im
Juni 1149 bei einer Niederlage gegen Nūr ad-Dīn von Aleppo
den Tod fand, zog der junge König Balduin III. mit einem Heer
nach Antiochia, dem auch 120 Ritter, 1000 Sergeanten sowie
Turkopolen der Templer angehört haben sollen, das aber hohe
Verluste erlitt. Seneschall André de Montbard musste dem
Meister berichten, man habe dafür hohe Schulden in Akkon
und Jerusalem aufgenommen, und die Brüder im Heiligen Land

benötigten dringend personelle und materielle Unterstützung. Éverard des Barres dürfte daraufhin 1151 mit Verstärkungen nach Palästina zurückgekehrt sein, verließ aber bald den Orden aus ungeklärten Gründen, sodass mit Bernard de Tremelay ein Nachfolger gewählt werden musste.

Der Orden hatte inzwischen das Kastell von Gaza übernommen und wurde so in die Konflikte um die noch muslimisch kontrollierte Küstenstadt Askalon verwickelt. Nach Guillaume de Tyr konnten die Templer im Frühjahr 1150 einen ägyptischen Angriff abwehren und damit dauerhaft zur Stabilisierung der christlichen Kontrolle über die Region beitragen. Als König Balduin im Januar oder Februar 1153 dann mit der Belagerung Askalons begann, waren neben geistlichen und weltlichen Großen auch die Templer unter Bernard de Tremelay beteiligt. Allerdings gelang es erst im August, die Mauern an einer Stelle einzureißen. Nach Guillaume de Tyr konnten daraufhin die dort stationierten Templer durch die Lücke in die Stadt eindringen. Die rund 40 Ritter und ihr Meister kamen jedoch um, als sie in den Straßen von zahllosen Gegnern angegriffen wurden; ihre Leichname wurden anschließend zur Abschreckung der Belagerer über die Mauern gehängt. Guillaume wirft den Brüdern in seiner 30 Jahre nach den Ereignissen entstandenen Darstellung vor, sie hätten die Eroberung der Stadt, die wenige Tage danach erfolgte, aus Habgier verzögert. Ihnen sei es darum gegangen, die Beute im Sinne ihrer Privilegien weitgehend für sich selbst zu sichern. Deshalb habe Bernard das Eindringen weiterer Teile des Belagerungsheers unterbinden lassen. Vermutlich spiegelt dieser Bericht die negative Einstellung Guillaumes gegenüber dem Orden wider, da sich dies so in keiner anderen Quelle findet – hierin schon die Anfänge moralischen Verfalls sehen zu wollen, ist sicher verfehlt. Der Tod Bernards in Askalon führte keineswegs zu einer Krise. Vielmehr wurde mit André de Montbard schon bald ein Nachfolger für ihn gewählt.

Gaza bildete nunmehr den Ausgangspunkt von Angriffen gegen Ägypten. Dort war es bereits 1153 zur Ermordung des Kalifen und seines Großwesirs gekommen, und 1154 musste auch der neue Großwesir fliehen. Die Templer überfielen und töteten

ihn und nahmen seinen Sohn gefangen. Auch dieser fand bald
darauf den Tod, als sie ihn für 60 000 Goldstücke an seine ägyptischen Gegner auslieferten. Wieder wirft Guillaume de Tyr in
seinem Bericht den Templern Habgier vor, denn der Gefangene
sei zuvor zum Christentum übergetreten. Dies ist jedoch wenig
wahrscheinlich. Den Templern ging es wohl gleichermaßen um
ihre Einkünfte wie um den Aufbau von geordneten Beziehungen
zu Ägypten, das sie angesichts der Bedrohung durch Nūr ad-
Dīn und mehrerer Niederlagen im Norden nicht mehr als wichtigsten Gegner ansahen. Als ein General Nūr ad-Dīns, Schīrkūh,
in Ägypten eingegriffen hatte und die Kreuzfahrer und der Orden im Juli 1164 gegen ihn vorgingen, wies Meister Bertrand de
Blanchefort in einem Schreiben an Ludwig VII. auf die Folgen
einer möglichen Vereinigung Ägyptens mit Syrien hin.

Die Stellung des Kalifen war inzwischen so schwach, dass
König Amalrich I. von Jerusalem nach einem Feldzug 1167 eine
Garnison in Kairo hinterlassen und eine jährliche Tributzahlung
von 100 000 Denaren erzwingen konnte. Das reichte ihm jedoch nicht. 1168 plante Amalrich die Eroberung Kairos. In den
Beratungen darüber traten die Templer – anders als die Johanniter unter ihrem Meister Gilbert d'Assailly – mit Hinweis auf be-
stehende Verträge gegen ein militärisches Vorgehen ein. Auch
wenn Bertrand inzwischen zum wichtigsten Ratgeber des Königs aufgestiegen war, konnte er sich damit nicht durchsetzen.
Der Feldzug begann im Oktober 1168, wahrscheinlich auch unter Beteiligung der Templer. Das Heer musste jedoch vor Kairo
umkehren, da sich die ägyptischen und syrischen Kontingente
miteinander verbunden hatten. Während Bertrand de Blanchefort Anfang Januar 1169, vielleicht auf dem Feldzug, verstarb,
übernahm bald darauf Schīrkūhs Neffe Saladin in Nūr ad-Dīns
Namen die Herrschaft in Ägypten. Damit wuchs die Bedrohung
für die Kreuzfahrerstaaten.

Die Templer konnten jedoch vom Ausgang des Unternehmens
nicht profitieren. Vielmehr verschlechterte sich das Verhältnis zu
Amalrich I. in den folgenden Jahren, obwohl die Meister aus seinem Umfeld kamen. Schon 1165 hatte der König auf die Privilegien des Ordens, die seine Mitglieder allein dem Papst unterstell-

ten, keine Rücksicht genommen. Damals hatte er zwölf Templer hinrichten lassen, die ein ihnen übergebenes Kastell bei Amman ihren Gegnern ausgeliefert hatten, ohne sein Kommen abzuwarten. Etwas Ähnliches soll sich 1173 noch einmal wiederholt haben, als der Bruder Walter de Mesnil einen Gesandten der syrischen Assassinen ermordete, mit denen Amalrich gegen Nūr ad-Dīn ein Bündnis eingehen wollte, und damit die Verhandlungen scheitern ließ. Der damalige Meister Odo de Saint Amand, der vielleicht über den Anschlag Walters informiert war, weil die Templer Tributzahlungen von den Assassinen erhielten, verhängte daraufhin über Walter eine Strafe, weigerte sich aber, den Bruder an den König auszuliefern. Amalrich reagierte offenbar, indem er in das Haus des Ordens in Sidon eindrang, Walter ergreifen und hinrichten ließ. Zugleich soll er gedroht haben, die Angelegenheit zusammen mit den anderen christlichen Herrschern näher untersuchen zu lassen. Es war wohl nur der Tod Amalrichs 1174, der weitere Auseinandersetzungen verhinderte. Odo de Saint Amand trug 1177 wesentlich zum Erfolg des christlichen Heeres gegen Saladin bei Montgisard bei, geriet aber 1179 in Gefangenschaft und starb als Gefangener noch im Oktober 1179. Bereits im August 1179 hatte Saladin die mit großem Aufwand errichtete und von den Templern verteidigte Burg Chastellet an der Jakobsfurt eingenommen und zerstört. Die Kreuzfahrerstaaten standen damit einer Bedrohung gegenüber, der auch die Templer auf Dauer wenig entgegensetzen konnten.

8. Der Orden auf der Iberischen Halbinsel

Etwa gleichzeitig mit dem Einsatz der Templer im Heiligen Land wurden die Brüder auch auf der Iberischen Halbinsel aktiv. Wichtige Voraussetzungen waren das Testament Alfons' I. von Aragón von 1131, in dem dieser den Templern einen Teil seines Erbes vermacht hatte, sowie die Übernahme der seit 1128 erfolgten Schenkungen in der Grafschaft Barcelona und in Portugal. Diese frühen Stiftungen steckten den geografischen Rahmen für die Ausbreitung des Ordens ab. In Kastilien stießen die Templer dagegen kaum auf Resonanz.

Die Brüder zeigten zunächst wenig Bereitschaft, sich außerhalb des Heiligen Landes in stärkerem Maße militärisch zu engagieren, sondern hofften vor allem auf Verstärkung. Graf Raimund Berengar III. von Barcelona, der den Brüdern 1130 beigetreten war, übertrug den Templern 1131 die Burg Grañena an der Grenze zum noch muslimischen Lérida, zusammen mit allen Herrschaftsrechten. 1134 stellte der neue Graf, Raimund Berengar IV., die Gemeinschaft unter seinen Schutz. Dabei wurden die Templer schon vor dem großen Privileg *Omne datum optimum* von 1139 mit Hinweis auf päpstlichen Schutz aus den lokalen Strukturen gelöst. Der Graf versprach weiter jährliche Zahlungen und, zusammen mit 24 Adligen, die Ableistung eines einjährigen Kriegsdiensts auf dem Kastell Grañena mit dem Ziel, Lérida zu erobern. Dennoch konzentrierte sich der Orden weiterhin auf das Heilige Land. Selbst Grañena wurde nicht, wie der Graf es wollte, mit einem Kontingent von Brüdern und weiteren Truppen besetzt.

Dies änderte sich erst nach dem Ausgleich über das Testament Alfons' I. Dieser hatte die Verfügung, sein Land unter die Chorherren vom Heiligen Grab, die Johanniter und die Templer aufzuteilen, 1134, kurz vor seinem Tod, noch einmal erneuert. Allerdings waren alle drei Institutionen kaum in der Lage, die übertragenen Herrschaftsrechte auszuüben, sodass es in der Folge zu einer Einigung zwischen dem Erben, Raimund Berengar IV. von Barcelona, und den drei Gemeinschaften kam, 1143 nach längeren Verhandlungen auch mit den Templern.

Die gräfliche Urkunde, die den Verzicht der Templer auf die Schenkungen Alfons' voraussetzt, aber nicht erwähnt, bestätigt so etwas wie einen eigenen spanischen Ordenszweig (auch wenn der darin erwähnte regionale Meister Pierre de Rovière ebenso für Südfrankreich zuständig war). So heißt es im Text: «Zur Verteidigung der westlichen Kirche, die in Spanien besteht, zur Bekämpfung, Überwältigung und Vertreibung des Volkes der Mauren und zur Erhebung des Glaubens der heiligen Christenheit und der Religion habe ich verfügt, dass eine Miliz nach dem Vorbild der Miliz vom Tempel in Jerusalem, die die östliche Kirche verteidigt, gebildet werden soll, dieser unterstellt und orien-

Die Burg Miravet
am Ebro aus dem
12. Jahrhundert

tiert an der Regel dieser Miliz und ihren Gewohnheiten des heiligen Gehorsams» (*Cartulaire*, 204). Gemeint war offenbar,
dass die Templer jetzt auch in Spanien militärisch aktiv werden
sollten. Sie erhielten dafür eine Reihe von Kastellen übertragen,
darunter Monzon, Montgay, Chalamera und Barbará, sowie
den zehnten Teil königlicher Einkünfte und 1000 Solidi aus Zaragoza und Huesca. Dazu kamen der fünfte Teil der von den
Mauren eroberten Länder, eine Befreiung von Abgaben sowie
ein Mitspracherecht bei Befestigungen und Friedensschlüssen.
Als es bei der faktischen Übertragung im Folgenden zu Problemen kam, gewährte ein weiteres von Raimund Berengar verlie-
henes Privileg dem Orden nahezu landesherrliche Rechte über
seine Untertanen, die nicht an andere Lehnsherren appellieren
durften. Die gräflichen Schenkungen wie auch zahlreiche «pri-
vate» Stiftungen und Besitzerweiterungen durch Kauf wurden
1150 durch Papst Eugen III. unter päpstlichen Schutz genommen. Schon 1143 besaßen die Templer in Aragón und Katalo-

nien zehn Kastelle und mehrere Orte, bis 1200 wurden 23 weitere Festungen erworben, vielfach in Grenzregionen zu den muslimischen Reichen. Sie bildeten die Grundlage für die Einrichtung von Komtureien des Ordens, die der Verwaltung des Besitzes dienten.

Erste Einsätze der Templer in Aragón und Katalonien lassen sich seit 1147/48 nachweisen, als sich eine Flotte mit Teilnehmern des Zweiten Kreuzzugs an der Eroberung Lissabons beteiligte und Raimund Berengar IV. gegen die muslimischen Zentren im Süden der Grafschaft vorging. So ergab sich Tortosa im Dezember 1148 nach siebenmonatiger Belagerung, und im Oktober 1149 gelang die Eroberung Lleidas. Bei der Belagerung Tortosas kontrollierten die Templer zusammen mit Kreuzfahrerkontingenten die Nordseite der Stadt. Sie erhielten nach der Eroberung ein Fünftel der Stadt, ein Zehntel der Besitzungen des Grafen sowie zwei nahegelegene Burgen. In Lleida erhielt der Orden denselben Anteil, dazu das strategisch wichtige Kastell Gardeny. Aus beiden Schenkungen entstanden in der Folge, nachweisbar seit 1156, zwei Komtureien der Templer. Gerade Gardeny war besonders gut ausgestattet und hatte deshalb eine besondere Stellung gegenüber den Königen und Grafen sowie im Orden. Hier trafen sich immer wieder die regionalen Amtsträger, und Leiter des Kastells stiegen mehrfach zu Provinzialmeistern auf. Die Region verlor ihre strategische Bedeutung als Grenzregion endgültig erst durch die Eroberung des zuvor islamischen Königreichs Valencia durch Jakob I. von Aragón 1238.

Der Einsatz der Templer im Süden Kastiliens beschränkte sich auf die wenig erfolgreiche Übernahme der Grenzfestung Calatrava 1148. Im portugiesischen Soure waren die Templer erstmals 1144 nachweislich militärisch aktiv. 1147 unterstützte der Orden Graf Afonso Henriques beim Angriff auf das noch in muslimischer Hand befindliche Santarém nördlich des Tejo und erhielt dafür eine Kirche in der Stadt. Nach der Gründung des Bistums Lissabon übernahmen die Brüder anstelle dieses Besitzes die Festung Cera am Fluss Tomar. Hier entstand in der Folge durch den Ausbau der Burg Tomar seit 1160 und durch die Gründung einer Stadt das Zentrum des Ordens in Portugal.

Weitere Schenkungen, nach der Eroberung 1170 auch südlich des Tejo, folgten, oft verbunden mit dem Auftrag zur Wiederbesiedlung und Erschließung. Der Graf verlieh den Templern für ihren Besitz schließlich 1157 ähnliche Rechte, wie sie ihnen Raimund Berengar IV. in Katalonien und Aragón übertragen hatte. Der Orden wurde aus den lokalen Strukturen gelöst und von Abgaben befreit, während ihm die Untertanen im Umland der Burgen direkt unterstanden. So entwickelten sich auch hier enge Beziehungen zur Herrscherfamilie. Die Templer waren nun im Osten wie im Westen der Iberischen Halbinsel fest etabliert, aber auch in die Reconquista eingebunden.

9. Schenkungen und Aufgaben
in den Herkunftsregionen

Der lateinische Westen bildete trotz der Erwerbungen im Heiligen Land stets die Basis für die Operationen der Templer im Orient und in Spanien. Eine zentrale Rolle kam dafür den Schenkungen zu, die der Orden nun von allen Seiten erhielt. Den europäischen Kernraum des Ordens bildete Nordfrankreich, Schwerpunkte waren dabei Burgund und die Champagne. Noch im Templerprozess zu Beginn des 14. Jahrhunderts kam die Mehrzahl der in Frankreich angeklagten Ordensmitglieder aus diesem Gebiet. Auch die Schenkungen in der Champagne verdankten sich der Herkunft der ersten Brüder aus dieser Region. Der erste Meister der Templer, Hugues de Payns, konnte wahrscheinlich bei seinem Aufenthalt im Westen um 1129 seinen Lehnsherrn, den Grafen der Champagne, dazu bewegen, einer Übertragung des alten Hausbesitzes um Payns an die Gemeinschaft zuzustimmen. Diese bildete die Grundlage für die Zusammenfassung der verstreuten lokalen Besitzungen und Rechte in einer Verwaltungseinheit, der Komturei Payns, mit einem zentralen Gebäude, in dem der Leiter (Komtur) mit anderen Brüdern zusammenlebte.

Komtureien wurden vor allem dann begründet, wenn umfangreicher Besitz übertragen wurde, etwa, wenn Adlige in den Orden eintraten und ihre Familiengüter einbrachten. So entstand nach 1130 die Komturei Fontenotte (nördlich von Dijon) durch den Eintritt des Ritters Guy Cornelly von Tilchatel, der nach Jerusalem zog, um dem Orden beizutreten, nachdem seine Frau an Lepra erkrankt war. Das gleiche geschah 1133 beim Eintritt Payens de Bures, wobei das Ordenshaus Bures zusätzlich vom zuständigen Bischof von Langres das Patronat über die Pfarrkirche des Ortes erhielt. Auf ähnliche Weise bildeten sich bis zum Ende des 12. Jahrhunderts Ordenshäuser in Troyes, Beaune, Dijon und an vielen anderen Orten.

Die Mehrzahl der Schenkungen war jedoch weniger spektakulär. Sie dienten dem Seelenheil der Stifter, der Versorgung einzelner, meist kranker oder älterer Personen oder auch der Vorsorge für die eigene Bestattung. Der übertragene Besitz wurde bestehenden Ordenshäusern zugeordnet oder für die Bildung neuer Komtureien akkumuliert. So entstand die bedeutende Komturei Douzens östlich von Carcassonne im Süden Frankreichs seit 1133 aus verschiedenen Stiftungen der Familie Barbairano, deren Mitglieder sich teilweise mit dem Orden verbanden. Dies wurde durch Schenkungen wie die von Pierre d'Escau ergänzt, der 1167 sich und seinen Besitz dem Orden übergab, um dafür bis zu seinem Lebensende wie ein Bruder des Ordens versorgt zu werden. 1178 erhielt wiederum die Komturei Fontenotte von Eudes de Pichanges eine Mühle, die er für sein Seelenheil und das seiner Mutter stiftete, die als Schwester des Ordens aufgenommen wurde. Wenn hier die Templer, deren Regel eigentlich jeden Kontakt mit Frauen verbot, eine ältere Frau zur Versorgung aufnahmen, war dies kein Einzelfall. Beide Seiten profitierten von den üblicherweise damit verbundenen Schenkungen. In diesem Fall dienten die Erträge aus der Mühle der durch die Templer abgesicherten Versorgung der Mutter des Ritters, nach deren Tod standen sie dem Orden ganz zur Verfügung. Ähnlich schlossen sich auch ältere Ritter wie Eudes de Grancey den Templern an, der seine letzten Lebensjahre zwischen 1185 und 1197 in Bures verbrachte, das in der Nähe seines Hausbesitzes lag.

Am Erfolg der Templer in Frankreich hatte die Unterstützung durch das Königtum einen wesentlichen Anteil. So übertrug

Ludwig VII. dem Orden 1139 wohl auf Bitten Meister Roberts hin nicht nur Mühlen und Häuser im Umfeld von La Rochelle, sondern traf in derselben Urkunde eine noch weitergehende Verfügung: «Wer auch immer aber den Rittern vom Tempel von unserem Lehen etwas geben will, außer Stadt und Burg, das billigen wir und gestehen es zu, wenn es so geschieht, dass wir unseren Dienst unserer Leute nicht verleihen» (*Cartulaire*, 137). Dies erleichterte die Stiftungen an den Orden. Der König befreite die Templer zudem von allen Abgaben für den Transport ihrer Güter zu Land und zu Wasser, der ja eine wichtige Voraussetzung für die Versorgung des Einsatzgebietes bildete. Weitere Schenkungen Ludwigs folgten, so 1143 die Übertragung der Abgaben der Pariser Geldwechsler. Vermutlich erhielt der Orden vom König auch das sumpfige Gebiet am rechten Seineufer, auf dem nach der Trockenlegung seit 1146 das Haupthaus der Templer in Frankreich entstand. Nach weiteren Ankäufen umspannte der Templerbezirk schließlich einen Raum, der 1284 selbst die Gründung einer Stadt, Villeneuve du Temple, erlaubte.

Ludwig VII. nahm den Orden mehrfach vor Vorwürfen von außen, er komme seinen Aufgaben nicht nach, in Schutz und hob seine Unentbehrlichkeit für die Verteidigung des Heiligen Landes hervor. Die Nähe zwischen dem König und den Templern spiegelt sich auch in der Rolle von Ordensbrüdern am Hof wider. Nach dem französischen Meister Éverard des Barres in den 1140er Jahren war es unter anderem der 1168/69 als Meister für den Ordensbesitz im Westen belegte Geoffroi Foucher, der mehrfach mit dem König in Kontakt trat. Daran änderten auch gelegentliche Spannungen wenig, etwa, als drei Ritterbrüder ihnen übertragene Burgen aus der Mitgift der jungen Margarethe von Frankreich 1160 nach der Vermählung mit dem englischen Thronfolger an Heinrich II. von England übergaben. Vor allem in der Finanzverwaltung übernahm der Orden wichtige Funktionen. Nachdem schon der Kreuzzug Ludwigs VII. mit Hilfe der Templer finanziert worden war, wurde der königliche Schatz seit der Mitte des 12. Jahrhunderts im Pariser Ordenshaus, dem «Temple», deponiert. Als Philipp II. Augustus 1190 zum Kreuzzug aufbrach, wies er seine Amtsträger an, auch die neu eingehenden Gelder dorthin zu überweisen.

Sieht man von der Iberischen Halbinsel ab, konnten die Templer vor 1200 nur noch in England in erheblichem Umfang Schenkungen erwerben. In der Nachfolge Heinrichs I. waren es die konkurrierenden Herrscher im englischen Bürgerkrieg zwischen Heinrichs Tochter Mathilde und Stephan von Blois, die den Orden unterstützten, und auch die Anjou-Könige schlossen sich dem an. Dazu kam die Förderung durch den englischen Adel. Als um 1185 unter dem englischen Meister Geoffrey fitz Stephen eine Liste des Templerbesitzes angelegt wurde, wohl, um Gelder für das Heilige Land abzuziehen, hatte der Orden in England bereits ein Netz von Komtureien aufgebaut. Einige wie Cressing Temple entstanden offenbar auf zuvor königlichem Besitz, während schon vor 1154 über 30 Schenkungen sowohl von den Anhängern Stephans wie von denen Mathildes dazukamen. Heinrich II. verlieh dem Orden unter anderem jährliche Einkünfte von einer Mark aus den Einnahmen der Grafschaften, eine Abgabe, die wohl bis zur Aufhebung des Ordens gezahlt wurde. Roger der Templer, Komtur in London, zählte zu Heinrichs Ratgebern, und zeitweilig wurden auch Teile seines Schatzes im Londoner Temple aufbewahrt.

In Italien und Mitteleuropa konnte der Orden zunächst keine so große Bedeutung erlangen, zumal er teilweise nur von regionalen Autoritäten unterstützt wurde. In Italien erhielten die Templer wohl zuerst 1134 in Mailand Besitz, 1138 dann in der Toskana. Komtureien entstanden in diesem Raum zuerst in Siena (vor 1148), Lucca (vor 1157) und Pisa (vor 1163). Dazu kamen eine Verdichtung des Besitzes und die Gründung weiterer Ordenshäuser bis ins 13. Jahrhundert. Diese lagen häufig an den Pilgerrouten nach Rom und ins Heilige Land, sodass dort auch Pilger versorgt wurden. Im Königreich Sizilien entstanden Zentren unter anderem in Syrakus, Messina, Tarent, Brindisi und Bari. Diese Komtureien spielten insbesondere als Zwischenstation für den Transport von Personal und Material ins Heilige Land eine wichtige Rolle, verfügten aber auch über ein Hinterland, das Überschüsse an Getreide erzeugte, die exportiert werden konnten. Zu den frühesten Besitzungen im zentralen und östlichen Mitteleuropa gehören die vielleicht auf eine Stiftung Heinrichs des Löwen zurückgehende Komturei Supplingenburg in der Nähe von Braunschweig sowie das Gregorskloster in Vrana in Dalmatien, das 1169 durch Papst Alexander III. bestätigt wurde. Die meisten Schenkungen im östlichen Mitteleuropa datieren allerdings erst aus der Zeit nach dem Dritten Kreuzzug. Danach waren die Templer fast im gesamten lateinischen Europa präsent.

10. Die Schlacht von Hattin 1187 und ihre Folgen

Die Vereinigung Ägyptens und Syriens unter einem Herrscher zog folgenreiche Veränderungen im Machtgefüge des östlichen Mittelmeerraums nach sich und brachte die Kreuzfahrerstaaten seit 1169 in die Defensive. Zusätzlich geschwächt wurden sie durch interne Streitigkeiten zwischen den Baronen des Königreichs Jerusalem. Für Amalrichs Sohn und Nachfolger Balduin IV. hatte zunächst Raimund III. von Tripolis, der auch Herr von Tiberias war, die Regentschaft geführt. Als der junge König 1176 volljährig wurde, stützte er seine Herrschaft jedoch auf eine andere Parteiung am Hof, die sich um Rainald de Chatillon, den Herrn von Moab und Oultrejourdain, sowie um den vor kürzerer Zeit aus dem Poitou in das Heilige Land gekommenen Guido von Lusignan gebildet hatte. Guido konnte seinen Einfluss steigern, als er Balduins Schwester Sybille heiratete, deren Sohn Balduin V. den Thron erben sollte.

Balduin IV. war früh an Lepra erkrankt und daher oft nicht in der Lage, seinen Regierungsgeschäften nachzugehen. Deshalb konnte er auch Parteibildungen um sich herum nicht verhindern, sondern sah nach 1183 nur die Möglichkeit, sich wieder stärker auf die Anhänger Raimunds III. zu stützen, als Guido beim Adel des Königreichs zunehmend auf Widerstand stieß. Um eine Machtübernahme durch Raimunds Gegner zu verhindern, setzte er Raimund auch im Fall des vorzeitigen Todes des Thronerben Balduin V. als Regenten ein. Auf diese Weise sollte eine Entscheidung über die Nachfolge durch den Papst sowie den englischen und französischen König ermöglicht werden. Tatsächlich starb Balduin IV. im März 1185, und sein Nachfolger überlebte ihn um kaum mehr als ein Jahr. Guido von Lusignan nutzte die Situation und ließ Sybille und sich in Jerusalem vom Patriarchen krönen. Die Barone entschlossen sich nur zögernd zur Huldigung, fanden sich aber bis auf Raimund III. mit der Situation ab.

Am Coup Guidos hatte der neue Meister der Templer, Gérard de Ridefort, entscheidenden Anteil. Auf Odo de Saint Amand war zunächst der Katalane Arnau de Torroja gefolgt, der eine gemäßigte Haltung vertrat und wohl auch zwischen den Parteien eher eine vermittelnde Haltung einnahm. Als er im September 1184 starb, befand er sich im Auftrag König Balduins zusammen mit dem Patriarchen und dem Johanniter-Meister Roger des Moulins in Italien, um Hilfe für das Königreich Jerusalem einzuwerben. Seine Zurückhaltung im Kampf gegen die Muslime scheint die Wahl Gérards begünstigt zu haben, der zuvor Marschall König Balduins war und bald nach seinem Eintritt in den Orden seit 1183 als Seneschall nachgewiesen ist. Gérard hatte nach seiner Ankunft im Heiligen Land Anfang der 1170er Jahre zunächst in Diensten Raimunds III. gestanden, sich aber zu dessen erbittertem Feind gewandelt, als dieser ein Gérard versprochenes Erbe an einen Pisaner aus Tripolis vergab. In den Konflikten im Königreich Jerusalem stand er folglich auf der Seite Guidos von Lusignan und ermöglichte nach dem Tod Balduins V. im Sommer 1186 als einer der drei Wächter über die Kronen die Krönung Guidos und Sybilles.

Da Raimund III. die Huldigung für Guido verweigerte, ermutigte Gérard den König zum militärischen Vorgehen gegen Raimunds Lehen in Galiläa. Als es im Frühjahr 1187 noch einmal zu Verhandlungen kommen sollte, überschlugen sich die Ereignisse. Rainald de Chatillon hatte eine Karawane auf dem Weg von Damaskus nach Ägypten geplündert, und als Saladin eine Entschädigung forderte, konnte der König dem nicht nachkommen. Raimund, der unterdessen bei Saladin um Hilfe gegen Guido nachgesucht hatte, erhielt zugleich die Mitteilung, Sala-

dins Sohn al-Afdal wolle mit einer kleineren Truppe durch sein
Gebiet ziehen. Er konnte sich dem angesichts des von ihm geschlossenen Waffenstillstandsvertrags nicht widersetzen, auch
wenn es ihn dem Vorwurf des Verrats aussetzte. Dieser Zug entwickelte sich allerdings zum Angriff eines Heeres von vielleicht
7000 Mann, die plündernd durch das Land marschierten und
Gefangene machten.

Als Gérard de Ridefort, gerade auf dem Weg zu den Verhandlungen mit Raimund, davon erfuhr, ließ er Verstärkungen aus
der Ordensburg Caco kommen. Die Gesandtschaft bestand aus
dem Erzbischof von Tyrus sowie den beiden Meistern der Templer und Johanniter, wurde nun aber noch durch Templer aus La
Fève und Ritter der königlichen Garnison in Nazareth unterstützt. Dennoch standen den wohl 7000 Muslimen am 1. Mai
1187 an den Quellen von Cresson nur vielleicht 140 christliche
Ritter gegenüber. Als nicht nur der Johanniter-Meister Roger
des Moulins, sondern wohl auch ein weiterer Templer, Jacques
de Mailly, von einem Angriff abrieten, soll Gérard diesem Feig-
heit vorgeworfen haben. So kam es zum Kampf. Obwohl die
Christen offenbar einen Engpass besetzen konnten, wurde das
kleine Heer völlig aufgerieben, Roger des Moulins und Jacques
de Mailly fielen, mit ihnen die meisten der Templer, mit Ausnahme Gérards und weniger Brüder.

Obwohl zwischen Raimund III. und König Guido eine Aus-
söhnung zustande kam, behielt Gérard de Ridefort seinen Einfluss am Hof. Dies sollte sich als folgenreich erweisen, als Saladin die vorangegangenen Ereignisse zum Anlass nahm, mit
einem großen Heer gegen das Königreich Jerusalem zu ziehen.
Die Christen boten daraufhin die größten Verbände auf, die jemals im Königreich Jerusalem aufgestellt worden waren, die
sich allerdings immer noch als unterlegen erwiesen. Während
sich die Truppen an den Quellen von Saffuriya sammelten, erreichte sie ein Hilferuf der Gemahlin Raimunds aus Tiberias.
Raimund warnte während der Beratungen dennoch davor, sich
aus der wasserreichen Stellung heraus zu begeben, um Tiberias
zu schützen. Er wollte wie die anderen Barone abwarten, bis
sich Saladins Heer aufzulösen begann, um eine offene Feld-

schlacht zu vermeiden. Damit setzte er sich durch, doch gelang
es Gérard de RideforT in der Nacht, den König umzustimmen.
Nach dem Bericht Ernouls soll er gesagt haben: «Sire, glaubt ihr
diesem Verräter, der euch diesen Rat gegeben hat? Er hat ihn
gegeben, um euch Schande zu bereiten» (*Chronique d'Ernoul*,
161). Gérard soll sogar damit gedroht haben, den Templerorden aufzulösen, wenn die Schande nicht gerächt werde, die die
Sarazenen ihm und seinem Orden angetan hätten.

Die klare Schuldzuweisung an den Templermeister könnte
auf den Versuch des Chronisten zurückgehen, das Verhalten
eines der Barone, Balians von Ibelin, zu rechtfertigen, der sich
vom Kampf weitgehend fernhielt, und somit ein falsches Bild
wiedergeben. Das Ergebnis der Entwicklungen ist dennoch klar.
Am 3. Juli brach das Heer durch wasserloses Gelände nach Tiberias auf, konnte aber den See Genezareth nicht mehr errei-
chen. Vielmehr mussten sich die Christen am nächsten Tag, dem
4. Juli 1187, bei Hattin ohne Wasser und erschöpft zur Schlacht
stellen. Trotz heftigen Widerstands insbesondere der Templer
und eines Durchbruchs Raimunds III. durch die gegnerischen
Reihen endete der Kampf mit einer schweren Niederlage sowie
einer großen Zahl von Toten und Gefangenen auf Seiten des
Heeres der Kreuzfahrerstaaten. Die Mitglieder der beiden Ritterorden, die in Gefangenschaft gerieten, ließ Saladin umbrin-
gen, weil er sie als stärkste Gegner ansah. Eine Ausnahme
machte er nur mit dem Meister Gérard de Ridefort, den er im
Juni 1188 gegen die Übergabe der Festungen Gaza, Toron des
Chevaliers und Beth Gibelin freiließ, und mit König Guido, der
gegen die Übergabe von Askalon freikam.

Die Folgen der Schlacht waren dramatisch. Akkon ging schon
eine Woche später verloren, Jerusalem im Oktober, und auch die
meisten weiteren Städte und Burgen fielen an Saladin. Eine Ausnahme bildete Tyrus, das zunächst durch Raimund III., dann
auch mit Hilfe einer sizilischen Flotte unter Konrad von Mont-
ferat gehalten werden konnte. Auch die Zentren der beiden
nördlichen Kreuzfahrerstaaten, Tripolis und Antiochia, konnten
sich behaupten, ebenso die Gebiete der Templer und Johanniter
um Tortosa bzw. den Crac des Chevaliers. In Tortosa half wahr-

scheinlich der inzwischen freigelassene Gérard de Ridefort dabei, die Burg zu verteidigen. Die überlebenden Templer hatten sich unter der Leitung des Großpräzeptors Terricus nach Tyrus zurückgezogen. Als sich Konrad von Montferrat jedoch gegen den König wandte, um eigene Thronansprüche anzumelden, schlossen sich diese – nunmehr wieder unter der Leitung Gérards de Ridefort – Guido von Lusignan an, der mit der Belagerung Akkons, der wichtigsten Hafenstadt des Königreichs, begann. Gérard kam wahrscheinlich ums Leben, als Saladin die Belagerer im Oktober 1189 angriff, oder starb in Gefangenschaft.

Die Schlacht von Hattin führte so das Ende des Königreichs Jerusalem in seiner bisherigen Ausdehnung und Gestalt herbei. Zwar gelang den Teilnehmern des nunmehr angelaufenen Dritten Kreuzzugs unter der Leitung der Könige von Frankreich und England, Philipps II. und Richards I., die Rückeroberung von Akkon; auch konnte die christliche Herrschaft im Küstengebiet erneuert werden. Doch der Versuch, Jerusalem und die Gebiete im Landesinneren zurückzugewinnen, schlug fehl. Auch die Templer mussten sich neu orientieren. Von nun an bedurfte es in noch stärkerem Maße der Unterstützung durch die Ordenshäuser im Westen.

II. Die Templer im 12. und 13. Jahrhundert

1. Die Entwicklung der Ordensregel

Die Bildung einer geistlichen Gemeinschaft erforderte immer die Einführung von Regeln, auf die sich die Mitglieder einigen und die zugleich die Unterstützung der kirchlichen Autoritäten finden mussten. In den Anfängen der Templer waren dies der Patriarch von Jerusalem und die Chorherren vom Heiligen Grab, später Bernhard von Clairvaux, die Teilnehmer der Synode von Troyes und der Papst. Dies hat in der Forschung eine lange und noch nicht abgeschlossene Debatte über den Charakter der geistlichen Normen für den Alltag der Templer ausgelöst. Angesichts der Nähe zu den Chorherren vom Heiligen Grab hat man eine Orientierung an der allgemeineren Lebensregel vermutet, die dem heiligen Augustinus zugeschrieben wird und vor allem von gemeinsam lebenden Weltklerikern (Regularkanonikern) angewandt wurde. Die Berichte über die Gründung der Gemeinschaft und der Einfluss des Zisterziensers Bernhard von Clairvaux legen aber eher ein anderes Vorbild nahe, die für das Mönchtum grundlegende Regel des heiligen Benedikt aus dem 6. Jahrhundert.

Tatsächlich sind letztlich beide geistlichen Lebensformen für die Templer vorbildhaft geworden. So entwickelte sich die Liturgie der Templer nach dem Beispiel der Chorherren vom Heiligen Grab, während die älteste schriftliche – lateinische – Fassung der Regel nach jüngeren Ergebnissen auf der Benediktregel aufbaut, aus der sie ganze Passagen wörtlich übernimmt. Am Ende entstand allerdings durch zahlreiche Ergänzungen und Erweiterungen etwas Eigenes, die Regel eines geistlichen Ritterordens, die auch auf andere Ritterorden ausstrahlte.

Die Entwicklung der Regel erfolgte in vier Stufen. Als Hugues de Payns im Januar 1129 auf der Synode von Troyes die Gewohnheiten und die Lebensform der Gemeinschaft darlegte, konnte er bereits auf einzelne Regelungen oder Kapitel (*per singula capitula*) Bezug nehmen. Sein Bericht bildete die Grundlage für die Beratungen, die letztlich zur Formulierung der lateinischen Regel mit 71 Artikeln und einem längeren Prolog führten, offenbar redaktionell betreut von Bernhard von Clairvaux und dem Schreiber Jean Michel. Das große päpstliche Privileg *Omne datum optimum* von 1139 erlaubte dann dem Meister und der Mehrheit des Kapitels die Erweiterung und Umgestaltung der Regel. Dies gab vermutlich den Anstoß zu einer französischen Regelfassung, die in den ältesten Teilen zwar kaum mehr als eine wörtliche Übersetzung des lateinischen Texts darstellt, aber eine völlig andere Reihenfolge aufweist. Die jüngere Forschung hat diese Differenz damit erklärt, dass sich die Übersetzung vermutlich an der Struktur der von Hugues de Payns vorgetragenen Lebensgewohnheiten orientierte.

An diese Übersetzung schloss sich bald eine vierte Phase der Regelentwicklung an, in der zunehmend mehr Aspekte des Lebens im Orden geregelt wurden. Wohl in den 1160er Jahren entstanden 202 neue Artikel. Diese Ausweitung setzte sich im Folgenden fort, bis die Regel in den 1260er Jahren den Umfang von 686 Artikeln erreicht hatte. Dies wird durch eine katalanisch-südfranzösisch beeinflusste Fassung des Textes fortgeführt, die noch spätere Ergänzungen aufnahm, so einen Bericht über den Fall von Baghras 1268. Vermutlich hätte die neue Rolle der Templer nach dem Fall von Akkon 1291 auch zu neuen Regelungen geführt, wenn der Orden nicht 1312 aufgehoben worden wäre.

In die vierte Phase der Regelentwicklung gehört zudem die Verschriftlichung von Satzungen oder Gewohnheiten, den *retrais*, die die französische Regelfassung in allen erhaltenen Handschriften begleiten und die vermutlich schon im Privileg von 1139 angesprochen sind. Die nicht sehr umfangreiche Überlieferung ergibt insgesamt ein interessantes Bild. Die sechs lateinischen Manuskripte überliefern die Regel in einem erweiterten Kontext, der zwar in drei Fällen auch Bernhards «Lob der neuen Ritterschaft» umfasst, aber meist noch weitere klösterliche Texte einschließt. Die vier französischen Manuskripte enthalten

dagegen neben der Regel und den *retrais* zumeist nur den Fest-
kalender des Ordens. Der Schluss liegt nahe, dass die lateinische
Regel bei den Templern selbst zumindest in den romanischspra-
chigen Gebieten nicht im Gebrauch war, sondern nur auf ge-
lehrtes Interesse stieß, während die französische Fassung mit
ihren zahlreichen Erweiterungen zur Grundlage des Ordensle-
bens wurde. Dies erklärt sich schon dadurch, dass die meisten
Brüder – mit Ausnahme der Priesterbrüder – des Lateinischen
nicht mächtig waren, selbst wenn sie lesen konnten. Die französische Regel war aber allen zugänglich, vermutlich in jedem Ordenshaus in mindestens einem Exemplar. Diese Überlieferung
widerlegt im Übrigen den im Templerprozess vorgebrachten
Vorwurf, die Templer hätten ihre Regel geheim gehalten. Obwohl Artikel 326 ausdrücklich die Weitergabe von Abschriften
an Ordensfremde verbietet, enthalten die Regel und die *retrais*
keineswegs okkultes Geheimwissen, sondern praktische Bestimmungen für das Alltagsleben im Orden.

Die von Hugues de Payns referierten ältesten Lebensgewohnheiten dürften nach den chronikalischen Berichten über die frühen Templer recht einfach gewesen sein. Sie waren den monastischen Gelübden von Armut, Keuschheit und Gehorsam
verpflichtet und folgten in ihren religiösen Pflichten den Chorherren vom Heiligen Grab. Sie trugen einfache Kleidung, speisten gemeinsam und hielten sich von Frauen fern. Diese Vorgaben wurden in den erhaltenen schriftlichen Fassungen fest-
geschrieben und ergänzt. Die lateinische Regel beginnt mit Bestimmungen zum geistlichen Leben in den Ordenshäusern, zu
Gottesdiensten, zum Totengedenken, zur Versorgung der Kap-
läne im Ordensdienst, zum gemeinsamen Essen, Fasten, Tisch-
gebet und zur Tischlektüre sowie zum Schutz schwacher und
kranker Brüder.

Umfangreiche Regelungen betreffen danach die Kleidung der
Brüder, die Ausstattung mit Pferden und Waffen und ihr Verhalten. So standen jedem Ritterbruder drei Pferde zu, und die Spo-
ren, das Zaumzeug, Speere und Schilde durften nicht geschmückt
sein. Persönliche Geschenke waren nur mit Zustimmung des
Meisters erlaubt, ebenso der Briefverkehr mit Verwandten oder

Bekannten. Niemand sollte mit Falken, Bogen oder Armbrust auf die Jagd gehen. Nur die als besonders gefährlich geschilderten Löwen durften verfolgt und getötet werden. Kranke sollten auf besondere Weise gepflegt und in sog. Infirmarien versorgt, alte Männer ihrem Gesundheitszustand entsprechend behandelt werden. Alle mussten sich den Entscheidungen der Oberen unterwerfen; Arroganz und Stolz waren besonders verpönt.

Einige Abschnitte sind ausdrücklich der Besitzverwaltung des Ordens gewidmet. Aufgrund der besonderen Verdienste ihrer Gemeinschaft könnten die Ritterbrüder, auch wenn sie persönliche Armut gelobt hätten, Land, Leute und Dienste annehmen, um sie gerecht zu verwalten. Das gelte auch für die Zehnten, die die Bischöfe den Templern überließen. Die Brüder, die sich auf der Suche nach Unterstützung für den Orden in die Provinzen des Westens begäben, sollten so gut wie möglich die Vorschriften über Essen, Trinken und Verhalten befolgen. Sie sollten die Aufgaben des Ordens im Auge behalten und nur Gastgeber mit dem besten Ruf aufsuchen.

In der französischen Fassung rücken die Bestimmungen über die Aufnahme von Brüdern vom Ende an den Anfang, vielleicht auch dies ein Zeichen für die besondere Bedeutung, die diesem Aspekt zugemessen wurde. Entgegen den Vorwürfen im Templerprozess, die Aufnahme von Brüdern sei ein Geheimritual gewesen, zeigen die Handschriften hier deutliche Benutzungsspuren, die vermuten lassen, dass zahlreiche Amtsträger immer wieder auf die Regel zurückgriffen, um neue Ordensmitglieder einzuführen. Anders als in der lateinischen Vorlage wurde auf ein Noviziat verzichtet. Dem Eintrittswilligen wurde zunächst die Regel vorgelesen, die er für sich annehmen musste. Dann sollte er reinen Herzens die Gründe für seinen Aufnahmewunsch darlegen. Auf dieser Grundlage wurde schließlich die Dauer seiner Probezeit im Orden bestimmt.

Der anschließende Artikel führte in der älteren Forschung mehrfach zu Missverständnissen. Er betrifft Reisen in den lateinischen Westen, die unternommen wurden, um Hilfe zu gewinnen. Die Brüder werden aufgefordert, sich zu exkommunizierten Rittern zu begeben, um sie für den Orden zu gewinnen, unter der Voraussetzung, dass sie sich zunächst dem zuständigen Bischof stellten und von ihm die Absolution erhielten. Die lateinische Fassung hatte hier offenkundig irrtümlich von nicht exkommunizierten Rittern gesprochen, und einige der Forscher hielten die Änderung in der französischen Fassung für ein erstes Abgehen von der Strenge des Ordens. Tatsächlich signalisiert diese Bestimmung eher das Gegenteil. Die Härte des Dienstes als Templerbruder sollte exkommunizierten, aber bußwilligen Rittern wieder das Tor zur Kirche öffnen, wie die Regelung über die Beteiligung des zuständigen Bischofs deutlich macht, der auch dem Orden zuerst die Absicht des Ritters mitteilen sollte.

Die späteren Ergänzungen weiteten den Umfang der Regelungen sowohl für das Leben in den Konventen wie für den militärischen Einsatz erheblich aus. Einige Teile wirken wie ein militärisches Handbuch, andere bieten eine Zusammenstellung der Bußen und Strafen oder enthalten Bestimmungen über die als Kapitel bezeichneten Ordensversammlungen. In den *retrais* werden daneben vor allem die Festtage des Ordens und die Ämterhierarchie geregelt.

2. Die Ämterhierarchie

Bernhard von Clairvaux hatte im «Lob der neuen Ritterschaft» hervorgehoben, es gebe bei den Templern keine Rangunterschiede. Vielmehr zähle der Verdienst, nicht die adlige Abstammung. Das galt in der weiteren Entwicklung des Ordens nur noch bedingt. Zweifellos spielten Erfahrung und Verdienste für den Aufstieg in höhere Ämter eine wichtige Rolle, auch wenn diese schon außerhalb des Ordens erworben worden waren. Großmeister wie Odo de Saint Amand oder Gérard de Ridefort hatte im Heiligen Land bereits in königlichem Dienst Karriere gemacht, bevor sie sich den Templern anschlossen. Andere Großmeister wie Arnau de Torroja waren im Orden selbst aufgestiegen. Dennoch gewann die adlige Herkunft zunehmend an Bedeutung, wohl nicht zuletzt deshalb, weil schon die ersten Brüder aus dem Adel kamen.

So bildete sich im Orden eine soziale Struktur heraus, die sich

an die zeitgenössischen Gesellschaftsmodelle anlehnte. Schon
die Regel von 1129 unterschied – auch nach der Kleidung – zwischen Ritterbrüdern und «dienenden Brüdern» oder *sergeants*.
Zu diesen beiden Klassen von «Kämpfern» und «Arbeitern»
traten nach 1139 noch die «Beter», die Priesterbrüder, und ver-
vollständigten so das dreiteilige Schema von *oratores, bellatores*
und *laboratores*, wobei bei den Letzteren nochmals differenziert
wurde. Dazu kamen weitere dem Orden verbundene Personengruppen: auf Zeit dienende *milites ad terminum*, Donaten, die
sich den Templern unter bestimmten Bedingungen übergeben
hatten, sowie Verheiratete, die gegen die Übertragung ihres Besitzes in den Ordenshäusern versorgt wurden. Spätestens seit
der Mitte des 13. Jahrhunderts konnten Bewerber nur dann
noch als Ritterbrüder aufgenommen werden, wenn sie aus einer
ritterlichen Familie stammten und ehelich geboren waren. Zudem entwickelte sich im Orden schon früh eine Hierarchie von
Ämtern, in der den länger dienenden Brüdern eine Vorrangstel-
lung zukam. Dies lässt sich insbesondere für Zypern um 1300
nachweisen.

Ganz oben in dieser Ämterhierarchie standen die Meister
oder Großmeister. Schon der erste Meister Hugues de Payns
hatte die Entwicklung des Ordens wesentlich bestimmt. Die bedeutende Rolle seiner Nachfolger war dann in den Regeln fest-
geschrieben worden. Sie reisten weit durch den lateinischen Osten und Westen, verkehrten mit Königen und Päpsten, führten
die Kontingente des Ordens in den Heeren der Kreuzfahrerstaaten und mussten weitreichende Entscheidungen über den Ordensbesitz und die Versorgung im Heiligen Land treffen. Es
kann so kaum verwundern, dass der Meister durch weitere Brüder unterstützt wurde, die ihm persönlich zugeordnet waren.
Schon in der Mitte des 12. Jahrhunderts hatte er einen eigenen
Kaplan, einen Schreiber, einen Sergeanten, zwei Ritterbrüder,
einen Übersetzer und einen Koch an seiner Seite. Für Jacques de
Molay ist aus den Prozessakten belegt, dass zwei Brüder seine
Kammer bewachten, während andere den Haushalt bzw. Waffen und Tiere versorgten. Als Akt der Demut wuschen die Meister wiederum jeden Gründonnerstag nach allgemeinem bene-

diktinischen Brauch 13 ausgewählten armen Menschen die Füße und verteilten Almosen unter sie.

Anders als der Abt eines Benediktinerklosters konnte der Meister jedoch keinen absoluten Gehorsam verlangen. So erlaubte die Regel den Brüdern sogar, sich von der Ausführung von Befehlen befreien zu lassen, wenn sie sie als unvernünftig ansahen. Der Meister wurde zudem schon durch die Regelungen aus der Mitte des 12. Jahrhunderts zur Rücksprache mit den Brüdern im Haupthaus, im Konvent, und damit mit den führenden Amtsträgern angehalten. So waren die Brüder zwar grundsätzlich zum Gehorsam gegenüber dem Meister verpflichtet, der Meister aber auch zum Gehorsam gegenüber dem Konvent, den er in allen wichtigen Angelegenheiten um Rat fragen und dessen mehrheitlicher Entscheidung er folgen musste. Schon die lateinische Regel erlaubte zwar geheime Beratungen des Meisters in kleinem Kreis, forderte aber die Einberufung des Generalkapitels für Entscheidungen über den gesamten Orden, die Vergabe von Land oder die Entsendung und Aufnahme von Brüdern. Der Meister war somit eher *primus inter pares*.

Dennoch kam der Wahl des Meisters besondere Bedeutung zu. War ein Meister verstorben und nach den Vorschriften der Regel bestattet, berief der Marschall die hohen Amtsträger des Ordens zusammen, die sich im Heiligen Land befanden. Diese wählten einen Großkomtur, der den Orden in der Zeit der Vakanz leitete und den Termin für die Wahl festlegte. Am Wahltag wurde dann in einem komplexen Wahlverfahren ein Wahlausschuss gebildet, der aus acht Ritterbrüdern, vier dienenden Brüdern und einem Priesterbruder bestand – also 13 Brüder in Anlehnung an Jesus und die zwölf Apostel. Sie sollten die verschiedenen Herkunftsregionen repräsentieren, die allerdings nicht näher bestimmt waren. Kandidaten, die im Heiligen Land anwesend waren, erhielten den Vorzug. Am Ende entschied die Mehrheit der Wahlmänner. Die Wahl erfolgte auf Lebenszeit, nur zwei der Meister des 12. Jahrhunderts, Éverard des Barres und Philippe de Nablus, traten von ihren Ämtern zurück.

Im Konvent und damit im Kapitel des Haupthauses waren die nach dem Meister nächsthöheren Amtsträger bestimmend, die

vielleicht nach weltlichen Vorbildern eingesetzt wurden. Um
1160 waren neben dem schon früh, 1129 bzw. 1132, belegten
Amt des Seneschalls die Ämter des Marschalls, des Komturs des
Königreichs Jerusalem und des Drapiers entstanden. Dazu kamen im Heiligen Land mit den Komturen in Jerusalem, Akkon,
Tripolis und Antiochia die wichtigsten lokalen Amtsträger. Der
Seneschall war der Stellvertreter des Meisters und führte das
Banner des Ordens. Ihm etwa gleichwertig war der Marschall,
dem im Krieg die dienenden Brüder und die anderen Kämpfer
unterstanden. Er hatte weitreichende Kompetenzen für die Disziplin der Brüder und ihre Versorgung mit Pferden, Material und
Waffen. Der Komtur des Königreichs Jerusalem amtierte zugleich als Schatzmeister der Templer. Er nahm, kontrolliert vom
Meister, Gelder und Beute ein, sofern es sich nicht um Pferde
und Waffen handelte, die dem Marschall zustanden. Er organisierte weiter die Versorgung der Ordenshäuser im Einsatzgebiet
und entschied über die Stärke der Burgbesatzungen. Ihm zugeordnet, aber mit deutlicher Eigenständigkeit, kontrollierte der
Drapier die Versorgung der Brüder mit Tuchen, Kleidung und
weiterem Material. Unter den lokalen Amtsträgern spielte der
Komtur von Jerusalem eine besondere Rolle, weil er den Pilgerschutz zu organisieren hatte, während die Komture zu Tripolis
und Antiochia für ihre eigenen Regionen zuständig waren.

Im Gefüge der Ämter kam es im Laufe der Zeit zu Verschie-
bungen. So wurde das Amt des Seneschalls schon um 1200 ab-
geschafft und teilweise durch das des Großkomturs ersetzt. Der
Drapier gewann an Bedeutung, ebenso wie um 1240 der ursprünglich dem Marschall unterstellte Turkopolier, der für die
leichter bewaffneten Söldnertruppen des Ordens verantwortlich
war. Den hochgestellten Amtsinhabern unterstand wiederum
eine große Zahl weiterer Brüder mit unterschiedlichsten Aufgaben. So wurden der Seneschall vom Hauskomtur und der
Marschall von einem Untermarschall unterstützt, der das Personal in den Ställen überwachte. Dem Komtur des Königreichs
Jerusalem standen der Ritterkomtur sowie der Komtur des Gewölbes zu Akkon zur Seite. Letzterer organisierte die Schiffsbe-
wegungen im Hafen von Akkon und überwachte, unterstützt

von einem weiteren Bruder, die Eingänge an Lebensmitteln und Materialien. Die Hierarchie setzte sich noch weiter nach unten fort, bis zu den Handwerkern und Lohnarbeitern in Diensten des Ordens.

Ähnliche Strukturen entstanden außerhalb des Heiligen Landes im lateinischen Westen. Hier hatten sich bereits um 1130 zwei Provinzen in Nordfrankreich sowie Südfrankreich und Spanien ausgebildet, an deren Spitze eigene Meister traten. Um 1160 amtierten dann bereits Provinzialmeister in Nordfrankreich, dem Poitou, Aragón und der Provence, in Portugal, Apulien, England sowie Ungarn, unter jeweils verschiedenen Titeln. Um 1180/90 folgte die Abtrennung der Auvergne, um 1240 die der Provence mit dem Zentrum in St. Gilles, und am Ende des 13. Jahrhunderts gehörten auch die Komture Aquitaniens und der Normandie zu den hohen Würdenträgern des Ordens. Nach Schenkungen im mitteleuropäischen Raum bildete sich seit den 1220er Jahren eine deutsche Provinz, die verschiedenen Aufteilungen unterlag.

Diese Provinzeinteilung wurde während des 12. und 13. Jahrhunderts immer wieder den aktuellen Bedürfnissen angepasst, wie überhaupt die Strukturen des Ordens sehr flexibel waren. Auch die Ämterbezeichnungen in den Quellen wechseln häufig. Daneben entstanden auch Untereinheiten, so zeitweilig zwei untere Verwaltungseinheiten, sog. Balleien, in Burgund sowie Unterprovinzen in Frankreich, Deutschland, Italien und auf der Iberischen Halbinsel. In Italien gab es z. B. im 13. Jahrhundert eigene Amtsträger in der Lombardei, der Toscana, Sardinien, Rom, der Mark Ancona und Spoleto, die gemeinsam einem Großkomtur unterstanden. Der wichtigste Vertreter in der Region blieb jedoch der Komtur von Apulien und Sizilien. Für das Ende des 13. Jahrhunderts lassen sich unter Einschluss des Heiligen Landes, Zyperns und Armeniens insgesamt rund 20 Provinzen und mindestens acht Unterprovinzen zählen.

In jeder Provinz übernahm eines der Ordenshäuser ähnliche zentrale Funktionen wie das Haupthaus für den gesamten Orden. Hier wurden auf Provinzialkapiteln wichtige Entscheidungen getroffen, es gab eine eigene Aktenführung, und die

Gelder des Ordens wurden gesammelt und weitergeleitet. Die eigentliche Grundlage für den Einsatz der Templer im Heiligen Land und auf der Iberischen Halbinsel bildeten jedoch die Komtureien, die den Ordensbesitz an einem Ort zusammenfassten und verwalteten. Die ersten Komture als Leiter dieser Ordenshäuser lassen sich seit dem Ende der 1130er Jahre in Frankreich und Spanien nachweisen. Den Ausgangspunkt bildeten zumeist Schenkungen, doch erfolgte danach in der Regel auch eine Besitzabrundung durch Kauf oder Tausch. So entstanden vielfach leistungsfähige Güter, die ihre Überschüsse an die regionalen und zentralen Ämter abführen konnten, um den Aufgaben des Ordens im Heidenkampf nachzukommen.

3. Das militärische Engagement

Die von den Templern übernommenen Burgen trugen zum Schutz der Pilgerwege und der Kreuzfahrerstaaten bei. Ihre Lage an Pilgerwegen und in Grenzregionen war oftmals bewusst gewählt, um die Territorien der Christen abzusichern. Teilweise banden sie erhebliche Kräfte, wenn etwa in der von Saladin bald nach ihrer Errichtung 1179 eroberten Burg Chastellet an der Jakobsfurt nach islamischen Berichten 80 Ritter, wohl zumeist Templer, und ihr Gefolge sowie 15 Kontingente zu jeweils 50 Mann als Aufgebot stationiert waren. Sehr große Besatzungen waren jedoch eher die Ausnahme, zumal immer wieder Truppen für andere militärische Unternehmungen abgezogen werden mussten. Auch bei strategisch günstiger Lage konnten die Festungen ohne Versorgung immer nur für begrenzte Zeit gehalten werden. Die islamischen Gegner setzten Belagerungsmaschinen und Wurfgeschosse ein, teilweise wurden die Mauern untergraben. Ein Beispiel dafür bietet Baghras (Gaston) am Belen-Pass zwischen Alexandretta und Antiochia, das zweimal, 1188 und 1268, verloren ging. Trotz der schwer zugänglichen Lage auf einem Berggipfel und dreifacher Befestigungslinien gelang Saladin 1188 nach mehreren Wochen die Eroberung, und 80 Jahre später war dort auch der Mamluken-Sultan Baibars gegen die Templer erfolgreich.

Im südfranzösisch-katalanisch beeinflussten Regelmanuskript hat sich ein ausführlicher Bericht über die Ereignisse von 1268 erhalten. Als die Brüder im Fürstentum Antiochia Nachricht über das Heranrücken des mamlukischen Heeres erhielten, erbaten sie beim Meister Verstärkung durch Männer, Waffen und Materialien. Tatsächlich fiel Antiochia bereits nach zweitägiger Belagerung, ohne dass Hilfe für Baghras eingetroffen wäre. In dieser Situation entschloss sich der Komtur zur Übergabe und zum Rückzug nach La Roche Guillaume, nachdem die dienenden Brüder angekündigt hatten, nicht gegen eine derartige Übermacht kämpfen zu wollen. Der Sultan rückte dann mit seinem Heer an und konnte die Burg kampflos übernehmen. Obwohl der Meister Thomas Bérard durch einen Boten einen entsprechenden Befehl ausgesandt hatte, führte die Vorwegnahme dieses Befehls durch die Brüder nach ihrer Ankunft in Akkon zum zeitweiligen Ausschluss aus dem Orden. Die südfranzösisch-katalanische Regelfassung verweist darauf, dass die Übergabe einer Grenzfestung immer der Zustimmung der Oberen bedürfe, ansonsten aber zum Ausschluss führe. Allerdings war sich die Ordensleitung in Akkon nicht einig, weil die Brüder letztlich dem Befehl des Meisters entsprochen hatten.

Ohnehin waren die Brüder nicht dazu verpflichtet, eine Burg bis zum Letzten zu verteidigen, wie es etwa beim Angriff auf Chastellet der Fall gewesen war, wo sich der Kastellan in die Flammen geworfen haben soll, um der Gefangenschaft zu entgehen. Als bei der Belagerung von Akkon im Mai 1291 die Templer-Festung als letzter Teil der Stadt noch in christlicher Hand war, wurde so zunächst auch eine Übergabe ausgehandelt. Ein muslimischer Übergriff auf Frauen und Kinder machte diese Vereinbarung allerdings zunichte; alle Insassen der Burg kamen um oder gerieten in Gefangenschaft. Die kurze Waffenruhe hatte nur der Komtur nutzen können, um mit dem Besitz des Ordens nach Sidon zu fliehen und von dort die weitere Verteidigung zu organisieren. Allerdings blieben Verstärkungen aus, sodass schließlich im Juli und August 1291 Sidon, Tortosa und Château Pélérin (Atlīt), die vielleicht bedeutendste Festung südlich von Akkon, kampflos aufgegeben werden mussten.

Das militärische Engagement der Templer im Heiligen Land betraf aber nicht nur die Verteidigung ihrer eigenen Burgen. Die Templer – wie die Johanniter – spielten seit der Mitte des 12. Jahrhunderts auch bei Kriegszügen eine wichtige Rolle in den Heeren der Kreuzfahrerstaaten. Dabei kam es durchaus auch zu Konkurrenz zwischen den Ritterorden. Darauf verweist Großmeister Jacques de Molay um 1306 in seiner Stellungnahme zu den Plänen für die Vereinigung der Ritterorden: «Wenn die Johanniter einen bewaffneten Zug gegen die Sarazenen unternehmen, haben die Templer keine Ruhe, bis sie einen entsprechenden oder größeren durchgeführt haben, und umgekehrt» (*Le dossier*, 8). Wenn aber Könige, Fürsten, Barone und andere Pilger ins Land kämen, um gegen die Sarazenen zu reiten, dann teilten sich Templer und Johanniter die Aufgaben von Vorhut und Nachhut, um gemeinsam die im Land unerfahrenen Kämpfer vor Schaden zu bewahren.

Die besondere Stärke der Templer waren ihre schwer bewaffneten, in geschlossener Formation kämpfenden Reiter. Meister Odo de Saint Amand entschied nach einem Augenzeugenbericht 1177 die Schlacht von Montgisard, indem er mit 84 Ritterbrüdern mitten durch die Truppen Saladins ritt und alle niederwarf, die sich ihnen entgegenstellten. Dazu bedurfte es einer hohen Disziplin, die bei weltlichen Rittern oft fehlte. Es ist sicher kein Zufall, dass sich die militärischen Bestimmungen der Regel gerade auf die Reiter konzentrieren. So wurde vorgeschrieben, wie ein Feldlager anzulegen war, wie sich die Brüder beim Marsch formieren und wie sie eine Gruppe im Kampf bilden sollten. Immer wieder wurde dafür die notwendige Disziplin eingefordert. Die Versorgung des Lagers mit Holz, die Aufnahme von Wasser für die Pferde oder das Verlassen einer festen Position konnte nicht ohne den Befehl der Oberen geschehen. Wer Angriffe ohne Erlaubnis begann, wurde nicht nur, wie sich aus einem Beispiel in den *retrais* ergibt, aus dem Orden ausgestoßen, sondern auch ins Gefängnis geworfen. Fußsoldaten oder Bogenschützen, die üblicherweise die schwer bewaffneten Reiter unterstützten, kommen dagegen in der Regel praktisch nicht vor, nur dienende Brüder, die den Rittern vor dem Kampf halfen. Selbst die vom

Orden in größeren Zahlen eingesetzten leichter bewaffneten Söldner, die Turkopolen, werden in den Regelungen kaum berücksichtigt.

Für die großen Heere der Kreuzfahrer übernahmen die Templer tatsächlich die von Jacques de Molay genannte Rolle als Vorhut oder Nachhut. Dies war besonders beim Marsch unerfahrener Kreuzfahrer von Bedeutung, so etwa, als die Teilnehmer des Dritten Kreuzzugs 1191 von Akkon nach Jaffa zogen, aber auch bei einem Rückzug wie jenem von 1221 im Nildelta. Die Templer bildeten dabei zusammen mit den anderen Ritterorden gewissermaßen die Elitetruppen, auch wenn sie meistens nur beschränkte Kontingente von Rittern aufbieten konnten. So kamen nach dem Bericht des Großkomturs Terricus an den Westen 1187 infolge der Schlacht von Hattin 230 Ritterbrüder ums Leben, und nach einem Brief des Patriarchen von Jerusalem fielen 1244 bei La Forbie 312 Ritterbrüder und 324 Turkopolen; nur 33 Templer hätten überlebt. Dabei handelte es sich jeweils um den weitaus größeren Teil der im Heiligen Land stationierten Brüder, während sonst deutlich geringere Kontingente zum Einsatz kamen. Ungeachtet ihrer geringen Zahl spielten die Brüder jedoch in den Heeren immer eine wichtige Rolle, auch als Ratgeber der (oft königlichen) Heerführer, für Ludwig VII. und Ludwig IX. von Frankreich ebenso wie für Richard I. von England.

Über den militärischen Einsatz von Schiffen ist aus dem 12. Jahrhundert wenig bekannt. Sicher werden die Templer sich aber auch im Kriegsfall, wo erforderlich und möglich, eigener und fremder Schiffe bedient haben, um Truppen und Materialien zu transportieren, wie das generell bei der Versorgung des Heiligen Landes geschah. Wie das Lob des Kölner Domscholasters Oliver von Paderborn für den Orden belegt, setzten die Templer auch während des Fünften Kreuzzugs (1217–1221) im Nildelta bei Damiette für die Kriegsführung Schiffe ein und trugen so wesentlich zum Fall der Stadt bei.

Eigene Schiffe des Ordens, wie sie die Fresken in der Kirche in San Bevignate in Perugia abbilden, wurden für den Transport von Pilgern, Verstärkungen und Gütern genutzt und lassen sich spätestens 1207 nachweisen. Der Pilgerverkehr von Marseille

aus wurde 1234 in einem Vertrag mit der Stadt geregelt. Die
Zahl der aufzunehmenden Pilger wurde dabei auf jeweils 1500
für zwei Passagen jährlich – im Frühjahr und Sommer – in den
lateinischen Osten begrenzt. Mit dem Verlust Akkons änderte
sich die Situation jedoch grundlegend. Der Schiffsverkehr diente
nicht mehr vorrangig dem Transport, sondern die militärischen
Operationen selbst verlagerten sich auf das Meer. So erwarben
die Templer 1299 Kriegsschiffe von Venedig und setzten sie –
wohl auf Betreiben Papst Nikolaus' IV. – zur Verteidigung Zyperns ein. Damit entstand zusammen mit zwei bereits im Einsatz befindlichen Schiffen eine kleine Flotte. Allerdings verfügten sogar der König von Zypern, Templer und Johanniter
zusammen im Jahr 1300 nur über 16 Schiffe. Das militärische
Engagement der Templer zur See hätte sich aber wahrscheinlich
intensiviert, wäre der Orden nicht durch den 1307 beginnenden
Prozess gelähmt worden.

4. Das «Netzwerk» der Templer

Die Versorgung der Einsatzgebiete mit personellen Verstärkungen, Pferden, Lebensmitteln, Material und Geld setzte nicht nur
gute Planung, sondern auch den regelmäßigen Austausch von
Nachrichten voraus. Es entstand, um einen modernen und auch
von der jüngeren Forschung eingeführten Begriff zu benutzen,
ein «Netzwerk», das die einzelnen Ordenshäuser mit den regionalen und zentralen Amtsträgern verband und bei den bisher
bestehenden Institutionen ohne Vorbild war, wenn man einmal
von der parallelen Entwicklung bei den Johannitern absieht.
    Der Material- und Personalbedarf des Ordens im Heiligen
Land ist nicht leicht zu bestimmen. Einen gewissen Eindruck
vermittelt der Bericht über die Wiedererrichtung der Burg Safad
im oberen Galiläa, der allerdings offenbar nur auf mündlich
übermittelten Schätzungen der Brüder beruht. Die Festung war
1188 bei einem Angriff Saladins gefallen, konnte aber 1240 ver-
traglich zurückgewonnen und in den folgenden Jahren massiv
wieder aufgebaut werden. Folgt man dem Bericht, wurden für
den Bau in den ersten zweieinhalb Jahren 1 100 000 Byzantiner

aufgebracht, nicht gerechnet die Einkünfte aus dem Umland der Burg. Für den Unterhalt setzte man weiter 40 000 Byzantiner jährlich an. Täglich mussten 1700 Menschen versorgt werden, in Kriegszeiten sogar 2200. Die Garnison bestand aus 50 Ritterbrüdern, 30 dienenden Brüdern, 50 Turkopolen, 300 Armbrustschützen, 820 Lohnarbeitern und 400 Sklaven. Neben anderen Lebensmitteln mussten so jährlich mehr als 1200 Maultier-Ladungen an Hafer und Weizen auf die Burg gebracht werden. Dabei sind die Ausgaben für Söldner, weiteres Personal, Versorgung der Pferde, Waffen und Material noch nicht einmal eingerechnet. Auch wenn die Quelle die Fruchtbarkeit des Umlands und die hohen Ernteerträge hervorhebt, für die die Templer mit eigenen Bewässerungssystemen erhebliche Anstrengungen unternahmen, bedurfte die Burg also offenbar erheblicher Unterstützung durch das Templer-«Netzwerk».

Gerade die Versorgung mit geeigneten Pferden stellte ein besonderes Problem dar. Sie waren für die Einsätze des Ordens unverzichtbar, gingen aber nicht nur im Kampf verloren, sondern waren auch anfällig für Krankheiten und Überlastung. Die Märkte im Heiligen Land boten keinen hinreichenden Ersatz, sodass auch Pferde aus dem Westen eingeführt werden mussten. Dies ist schon für die Rückkehr Hugues' de Payns 1129 belegt. Der Transport von Pferden auf See hatte gerade erst begonnen und war schwierig. Die Pferde gerieten leicht in Panik und mussten während der Reise mit Gurten angebunden werden. Wie es erstmals für den Feldzug gegen Ägypten 1169 belegt ist, ließen sich die Tiere am besten auf einer Rampe ins Schiff bringen. Dafür entwickelte sich am Ende des 12. Jahrhunderts ein eigener Typ von Schiffen, die «Torschiffe». Sie verfügten über eine große Klappe, die bei der Landung geöffnet werden konnte, um die Pferde ans Ufer zu bringen. 40 bis 60 Pferde könnten darin Platz gefunden haben.

Dem muss allerdings der Bedarf an Pferden gegenübergestellt werden, der nur geschätzt werden kann. Ausgehend von der Anzahl von Pferden, die die einzelnen Brüder nach der Regel haben durften, und den überlieferten Zahlen für die Brüder im Heiligen Land, hat man eine Zahl von 4000 Pferden angenommen, die dort jeweils im Einsatz waren. Der Transport von Pferden muss daher – gerade aufgrund anzunehmender Verluste – erheblich gewesen sein. Die Schätzung erlaubt aber noch weiter gehende Vermutungen. Ein Pferd brauchte wahrscheinlich je nach Belastung und Größe täglich über 11 Kilogramm Heu und Getreide sowie mindestens 22 Liter Wasser. Der Versorgungsaufwand für die Pferde war somit um ein Mehrfaches höher als für die Versorgung der Truppen.

Die erfolgreiche Organisation des Transports von Nachschub aus dem Westen war damit in jeder Hinsicht essentiell. In Europa scheint es dafür – neben den lokalen Komturen – eigene Amtsträger gegeben zu haben. So finden sich schon im Binnenland, in Burgund, zwischen 1255 und 1274 zwei «Komture des *passagium*». Da *passagium* üblicherweise die Überfahrt ins Heilige Land bezeichnet, teilweise sogar für Kreuzzüge verwendet wird, dürften diese Brüder aus Dijon und Bures die Verstärkungen für den lateinischen Osten organisiert haben. Ähnliche Ämter kann man auch in den größeren Hafenstädten vermuten, wie das für Südfrankreich belegt ist. Im Vertrag der beiden großen Ritterorden mit Marseille erscheint mit Guillaume de Capmeillier zu 1234 ein «Komtur der Schiffe», der vielleicht nur für den Unterhalt der Schiffe zuständig war. Allerdings findet sich um 1300 zu Marseille ein «Meister des *passagium*», der dann tatsächlich die Transporte von Verstärkungen, Materialien zur Versorgung, Kaufleuten und Pilgern organisiert haben dürfte. In Akkon übernahm der Komtur des Gewölbes, der dem Komtur des Königreichs Jerusalem unterstand, als «Hafenkomtur» die Verwaltung der eingetroffenen Waren und der Schiffe des Ordens.

Anfangs bedienten sich die Templer zur Versorgung des Heiligen Landes insbesondere italienischer Kaufleute und Reeder. Ein Beispiel ist der für April 1162 belegte Auftrag an die Venezianer Romano und Samuele Mairano, rund elf Tonnen Eisen in den lateinischen Osten zu bringen. Belege für das Chartern von Schiffen finden sich aber selbst aus den letzten Jahren des Ordens. Als die Templer um 1300 versuchten, noch einmal im Heiligen Land Fuß zu fassen, beauftragten sie den Genuesen Pietro

Rubeo gegen die Zahlung von 3000 Byzantinern, Waren in Famagusta oder Limassol auf Zypern zu laden und von dort an die syrische Küste zu segeln, wohl um in einem nicht genannten, noch zu erobernden Hafen damit Handel zu treiben.

Eigene Schiffe des Ordens gab es nicht nur im Mittelmeer, sondern auch im Besitz der englischen Provinz, die für die Ordenshäuser Wein aus La Rochelle einführte. Sie wurden aber insbesondere im Mittelmeer für den Transport von Verstärkungen, Materialien, Kaufleuten und Pilgern eingesetzt. So reisten vor April 1207 zwei lombardische Kaufleute auf einem Templerschiff als Pilger ins Heilige Land, und 1216 wurde den Templern wie den Johannitern in Marseille die freie Ausfuhr auf eigenen Schiffen erlaubt, bevor es 1234 zu einer Beschränkung des Pilgerverkehrs auf maximal 1500 Pilger auf zwei Schiffen jährlich kam. Davon blieb die Ausfuhr für den Bedarf des Ordens jedoch unberührt, selbst bei allgemeinen Ausfuhrverboten wie zum Beispiel 1273 im Gebiet von Carcassonne.

Neben Südfrankreich spielten insbesondere die Häfen in Unteritalien und Sizilien für die Versorgung des Heiligen Landes eine zentrale Rolle, nicht zuletzt wegen der Bedeutung Siziliens als «Kornkammer» des Mittelmeerraums und für die Pferdezucht. Während die Überschüsse aus den Ordenshäusern, darunter Gemüse, Waffen und Tuch, von Häfen wie Brindisi, Barletta, Trani oder Bari aus verschifft wurden, wo die Templer über eigenen Besitz verfügten, bildete insbesondere Messina eine wichtige Durchgangsstation für Waren aus der Provence und Katalonien. Nach der zeitweiligen Beschlagnahme des Templerbesitzes unter Friedrich II. erteilte der neue Herrscher Siziliens, Karl I., 1267 die Erlaubnis zur abgabenfreien Ausfuhr von Lebensmitteln, und 1294 verfügte Karl II., der Sohn Karls I., die Waffen auf den Schiffen der Templer sollten nicht durch Zollbeamte kontrolliert werden. Die Templer transportierten dabei offenbar immer auch Güter von anderen Auftraggebern. So sollten sie nach einer Urkunde Karls II. von 1295 für den König jährlich rund 200 Tonnen Weizen für bedürftige Ritter nach Zypern bringen, und 1299 gelangte von den Johannitern erworbener Weizen auf einem Templerschiff von Manfredonia auf die Insel.

Angesichts des Geldbedarfs beim Ausbau der Burgen und des Ordensbesitzes dürften auch die Responsionen, also die jeweils durch die Ordensleitung festgelegten Abgaben der Ordenshäuser, auf den Schiffen der Templer nach Osten transportiert worden sein. Auch die Häuser auf der Iberischen Halbinsel waren davon nicht befreit. Schon gegen Mitte des 13. Jahrhunderts gab es in Aragón einen eigenen Amtsträger, der vermutlich die Gelder aus der Provinz nach Osten sandte, während die Templer 1304 einen Kaufmann aus Barcelona mit der Überweisung ihrer Responsionen in Höhe von 1000 Mark Silber mit Hilfe eines entsprechenden Transfers von Waren beauftragten. Ohnehin dürfte die Ausfuhr der Responsionen häufig in Gestalt von Naturalien und Tieren erfolgt sein. 1286 erlaubte König Alfons III. von Aragón den Templern den Export von 40 Pferden aus Kastilien und Aragón sowie von Maultieren, Salzfleisch, anderen Lebensmitteln und Rüstungen. Ähnliche Genehmigungen schlossen insbesondere Roggen, Weizen und Gerste ein. Am Ende des 13. Jahrhunderts gab es vermutlich regelmäßige Fahrten, die jährlich im August oder September dem Transport von Verstärkungen und Versorgung für das Heilige Land dienten. All dies musste aber zuerst einmal erwirtschaftet werden.

5. Landwirtschaftliche Grundlagen

Die Landwirtschaft war im Mittelalter durchweg der wichtigste Wirtschaftszweig und die Grundlage der meisten Einkünfte. Das galt auch für die Templer, die durch zahlreiche Schenkungen und weitere Erwerbungen fast überall im lateinischen Westen über Grundbesitz und grundherrliche Rechte verfügten: in Frankreich, England und auf der Iberischen Halbinsel, aber auch in Italien, Dalmatien und den Teilen Griechenlands, die nach der Eroberung Konstantinopels durch den Vierten Kreuzzug 1204 unter westliche Herrschaft gekommen waren. In Mitteleuropa lagen die Schwerpunkte des Besitzes am Rhein und in den Ostsiedlungsgebieten, wo die Markgrafen von Brandenburg und die polnischen Herrscher die Templerhäuser aus militärischen und politischen Gründen förderten. Teilweise, so in Ara-

gón, wurde der Orden in größerem Umfang auch mit Siedlungsaufgaben betraut.

Die Sitze der Komture, die den Grundbesitz und die Rechte
der Templer verwalteten, lagen keineswegs immer in früheren
oder gegenwärtigen Grenzregionen, sondern vielfach im Landesinneren zwischen anderen Häusern und Höfen auf dem
Land, in Dörfern oder auch in Städten. Es handelte sich dem-
entsprechend weniger um Burgen als vielmehr um Gutshöfe, die
den benachbarten Adelssitzen ähnelten. Einen wesentlichen Unterschied bildeten lediglich die Räume, die der gemeinschaft-
lichen Lebensführung der Brüder dienten. So bestand bespiels-
weise das Haus in Templehurst in Yorkshire nach einem Inventar von 1308 aus einer Kapelle, einer Halle, einem Schlafsaal,
einer Küche, einem Back- und einem Brauhaus sowie angren-
zenden Wirtschaftsgebäuden.

In den meisten Komtureien dürfte die Zahl der dort lebenden
Brüder relativ gering gewesen sein, während zahlreiche weitere
Personen nachgewiesen sind. So lebten z. B. 1307 in Baugy in
der Normandie nur drei Templerbrüder, zusammen mit 24 anderen namentlich belegten Bewohnern. Neben den Ordensmit-
gliedern sowie Frauen und Männern, die durch den Orden versorgt wurden, konnte dies z. B. Donaten, die ein semi-religiöses
Leben führten und im Konvent aushalfen, Weltkleriker, die in
den Kirchen unter Ordenspatronat als Priester tätig waren und
beim Fehlen von Priesterbrüdern auch die Ordensmitglieder
geistlich betreuten, sowie umfangreiches Dienstpersonal für die
Arbeiten auf dem Feld und im Haus einschließen. In Baugy handelte es sich um den offenbar nicht dem Orden angehörenden
Kaplan des Hauses, einen Schreiber, drei vom Orden versorgte
Personen, darunter ein Ehepaar, sowie mehrere Hirten, den
Förster, den Bäcker, den Koch, den Türwächter, den Diener des
Komturs und wahrscheinlich auch sechs Handwerker, die für
die Erhaltung der Ackergeräte sowie der Waffen und Rüstungen
zuständig waren. Die Zahl der Brüder und mit ihr die des Perso-
nals hing allerdings von der regionalen Bedeutung der Häuser
ab. So gab es z. B. in Südfrankreich im 12. und 13. Jahrhundert
ein System von zentralen und von untergeordneten Häusern. In

Richerenches in der Vaucluse-Region lebten im 12. Jahrhundert jeweils zehn bis zwölf Brüder, in acht davon abhängigen Häusern aber nur zwei oder drei.

Einen guten Überblick über die Bewirtschaftung des Ordensbesitzes bietet die vom englischen Provinzialmeister Geoffrey fitz Stephen veranlasste Aufnahme des Templerbesitzes aus den Jahren 1185/1190. Ähnlich wie für die anderen englischen Landesaufnahmen des 11. bis 13. Jahrhunderts wurden die Informationen lokal durch Gruppen von Geschworenen erhoben und dann in einem Register zusammengeführt. Den Anfang macht der Besitz in Cressing Temple und Whitham in Essex, der auf Stiftungen Mathildes und König Stephans zurückging. Neben dem ältesten Grundbesitz von fünf Hufen (bis ca. 240 Hektar) werden die Pächter und ihre Abgaben im Einzelnen aufgelistet und die weiteren Besitzungen und Schenkungen zusammengestellt. So lassen sich relativ genaue Angaben zu den über 70 Komtureien und kleineren Häusern der Templer in England um 1185 gewinnen.

Der Kern des Grundbesitzes bestand aus Ackerland, doch besaß der Orden daneben auch Wiesen, Weiden und Wald. Das meiste davon war gegen Abgaben und Dienste erblich oder auf Zeit verpachtet, manchmal auch als Lehen vergeben. Nur ein kleiner Teil wurde mit Hilfe der Dienstpflichtigen als Domäne direkt bewirtschaftet. Sie mussten während der Zeiten für Aussaat, Heumachen und Ernte in festgelegtem Umfang einige Tage in der Woche auf der Domäne arbeiten sowie für Botendienste und für andere Spezialaufgaben wie etwa die Herstellung von Malz zur Verfügung stehen. Als Gegenleistung versorgten sie die Brüder während der Arbeit mit Lebensmitteln wie Brot, Fisch und Bier. Die Naturalabgaben umfassten Hühner, Eier, Gewürze, Kerzen und anderes mehr. Dazu kamen Geldzinse, auch von den Mühlen im Ordensbesitz, für die Pachteinkünfte von drei Schillingen bis zu zwei Mark pro Jahr belegt sind. In den Mühlen wurden von den Bauern wiederum feste Abgaben in Geld oder Mehl verlangt. Für die bäuerliche Bevölkerung bestand in der Regel Mühlenzwang, das heißt, das Getreide musste in den Mühlen des Ordens gemahlen werden. Die

Stellung der Templer gegenüber ihren Untertanen entsprach der anderer Grundherren. So bedurfte selbst die Verheiratung der Töchter der Zustimmung des Ordens.

Die Einkünfte der Ordenshäuser kamen daneben auch aus anderen Erwerbszweigen. Oftmals waren wie z. B. im Pariser Gebiet Handwerker zu Zinszahlungen an die Templer verpflichtet. Dies betraf nicht nur Geldzinsen, sondern auch die Ablieferung von gewerblichen Produkten. In Valencia besaß der Orden Backhäuser, für deren Betrieb die Bäcker jedes zwanzigste der von ihnen gebackenen Brote abliefern mussten, und in Provins vergab das Ordenshaus gegen Pacht eine Werkstatt für Ziegelherstellung. Die Templer erhoben dort, so eine Klage der Bürger der Stadt Provins beim Grafen der Champagne im Jahr 1270, selbst Abgaben für das Abwiegen der Wolle, sodass die Wollproduzenten des Umlands auf andere Städte auswichen. Der Orden profitierte zudem vom Warenumschlag auf den Messen der Champagne, wo sie seit der Mitte des 12. Jahrhunderts einen Anteil an den Gebühren der Messe zu Troyes besaßen. Anderenorts erhielten die Templer Einkünfte aus Markt- und Wegerechten.

Die Schwerpunkte der landwirtschaftlichen Produktion des Ordens waren je nach Region und Lage der Häuser naturgemäß recht unterschiedlich. Das Haus in Baugy dürfte mit seiner Mischung von Ackerbau und Viehzucht den meisten englischen und nordfranzösischen Komtureien entsprochen haben. So gab es dort 1307 neben weiteren Rindern 14 Milchkühe, 100 Schafe, 180 Mutterschafe und Lämmer, 98 Schweine und Säue sowie einige wenige Pferde, darunter acht, die für den Einsatz mit schwerer Rüstung geeignet waren. Auf der Domäne in Baugy wurden unter anderem auf rund sieben Hektar Weizen und Roggen, auf zehn Hektar Gerste und Mischfutter sowie auf je sechs Hektar Hafer und Erbsen angebaut. Dazu kamen die Einkünfte aus Natural- und Geldabgaben. In Nordfrankreich wurde allerdings teilweise auf erheblich größeren Flächen Getreide ausgesät, so in den Häusern Grand-Selve und Aimont an der Somme sogar auf 215 bzw. 380 Hektar. Anderswo herrschte Viehzucht vor, so z. B. in der Komturei Sainte-Eulalie-du-Larzac in Südwestfrankreich, wo um 1170 die Schafherde eines einzigen Hofes 1700 Tiere umfasst haben soll und wo auch Rinder und Pferde gezüchtet wurden. In Südfrankreich spielte dagegen der Weinbau die zentrale Rolle. Dort waren die Templer im Teilbau an den Erträgen ihrer Bauern beteiligt und erhielten oft ein Viertel der Ernte. In der Komturei Douzens unterhielten sie zudem zahlreiche Mühlen, die auch für die Tuchverarbeitung genutzt wurden. Im Gebiet des Rio Cinca in Aragón erhielt der Orden Abgaben aus den Mühlen als Gegenleistung für die Anlage eines komplexen, allen zugänglichen Bewässerungssystems.

Die Verarbeitung der landwirtschaftlichen Erträge erfolgte vielfach in den Ordenshäusern selbst durch Handwerker, die in den Diensten des Ordens standen. So wurden in den Komtureien mit intensiver Viehhaltung Häute verarbeitet oder Käse hergestellt. Überschüsse der eigenen Region wurden zudem zum Kauf gewerblicher Produktion aus anderen Regionen verwandt, sodass z. B. Tuch mit Getreideverkäufen bezahlt werden konnte. Die Zollbefreiungen und weiteren Rechte, die der Orden vielerorts erhielt, um seinen Aufgaben nachkommen zu können, erleichterten den Handel mit seinen Produkten. Die Komtureien in den Midlands und Essex exportierten ihre Getreideüberschüsse über die Häfen an der englischen Ostküste, in England und der Champagne handelten die Templer mit Wolle und Wollprodukten, und für die Messe zu Provins durften sie jeweils 40 Fass Wein abgabenfrei einführen. Die landwirtschaftlichen Erträge sicherten somit nicht nur den Unterhalt der Brüder in den Ordenshäusern im Westen, sondern verschafften dem Orden auch erhebliche Geldmittel, um die Aufgaben im Heiligen Land zu bewältigen.

6. Die Finanzgeschäfte

Die Einkünfte aus der Landwirtschaft bildeten die Grundlage der Ordensfinanzen. Die in den Ordenshäusern erwirtschafteten Überschüsse mussten nach den Regelungen des Ordens anteilig an die zentralen Institutionen überwiesen werden. Diese Responsionen sollten bei einem Drittel der Einnahmen liegen, unterlagen aber in der Praxis starken Schwankungen. So wurden sie im 13. Jahrhundert bei finanziellen Notlagen zeitweilig erhöht, beispielsweise 1260, als der Orden Sidon von seinem weltlichen Herrn kaufen wollte, oder in den späteren 1290er Jahren, als die Templer einen Stützpunkt an der syrischen Küste zu erobern suchten. Die Häuser auf der Iberischen Halbinsel, die Truppen für die Reconquista stellen mussten, hatten dagegen geringere Responsionen nur von einem Zehntel der Erträge zu überweisen. Für die Provinz Aragón wurde dann um 1300 die Zahlung einer pauschalen Summe von 1000 Mark Silber eingeführt, die offenbar nach interner Verteilung auf die Häuser aufgebracht wurde. Die tatsächlichen Eingänge waren aber letztlich von der wirtschaftlichen Lage der Ordenshäuser abhängig. Kriege und Naturkatastrophen konnten einen erheblichen Rückgang der Responsionen zur Folge haben.

Aus dem weit entwickelten Rechnungswesen der Templer haben sich zwar nur wenige Zeugnisse erhalten, die weitergehende Aussagen ermöglichen. Das 16 Monate umfassende Fragment einer Abrechnung über den Schatz der Templer in Paris aus den Jahren 1295 und 1296 erlaubt aber immerhin einen Eindruck davon, wie die Abgaben der Häuser organisiert wurden. Es nennt Einzahlungen von 38 Komturen sehr unterschiedlicher Stellung, von den Leitern der Provinzen Aquitanien und Normandie bis zu Vorstehern kleinerer Häuser. Offenbar wurde für Nordfrankreich nicht nach einem hierarchischen System eingezogen, sondern die Responsionen wurden nach Möglichkeit und Bedarf überwiesen. Auffällig ist allerdings, dass die meisten Zahlungen entweder zwischen Dezember und Februar oder im Juli erfolgten. Sie standen damit in zeitlicher Relation sowohl zu den Erntezeiten wie zu den beiden wichtigsten Terminen für das *passagium* ins Heilige Land im März und August.

Über die landwirtschaftlichen und grundherrlichen Einnahmequellen hinaus verfügten die Templer aber noch über weitere Einkünfte. Gerade im 13. Jahrhundert wird die zunehmende Zahl von Pilgerreisen ins Heilige Land dem Orden finanzielle Gewinne gebracht haben, wie der Vertrag mit Marseille von 1234 deutlich macht, der den Templern erlaubte, zweimal im

Jahr auf einem ihrer Schiffe bis zu 1500 Pilger zu transportieren – eine angesichts damaliger Schiffsgrößen erstaunliche Zahl. Im 12. Jahrhundert waren es dagegen Gewinne aus den Auseinandersetzungen mit den islamischen Gegnern, die die Finanzen des Ordens aufbesserten. 1154 erhielten die Templer aus Ägypten 60000 Dinare als Lösegeld, Anfang der 1170er Jahre bekamen sie einen jährlichen Tribut von 2000 Dinaren von den Assassinen, und für die Iberische Halbinsel sind mindestens in einem Fall hohe Zahlen von Beutetieren belegt.

Einen wesentlichen Anteil an den finanziellen Aktivitäten der Templer hatten aber nicht eigene, sondern fremde Gelder. Zwei Faktoren spielten hier eine Rolle. Zum einen wurden im lateinischen Westen generell geistliche Institutionen dafür genutzt, Gelder oder Wertgegenstände von Privatpersonen zu deponieren, weil man die Gefahr von Übergriffen für geringer hielt als bei weltlichen Personen und Instanzen. Im Fall der Templer bot sich dies auch deshalb an, weil ihre – teilweise ja befestigten – Ordenshäuser besondere Sicherheit versprachen. Zum anderen waren es die Aufgaben des Ordens für das Heilige Land, die fremde Gelder in die Häuser der Templer brachten. So waren sie 1220 und 1281 an der Sammlung von Kreuzzugssteuern und -zehnten beteiligt, verwalteten Testamente und Stiftungen oder erhielten im Westen Geld von Pilgern und Kreuzfahrern, das diese im Heiligen Land wieder ausgezahlt bekommen sollten. All dies machte schon früh bankähnliche Geschäfte erforderlich. Über die Deposita musste regelmäßig abgerechnet werden, da zum Teil auch Forderungen der Depositare eingezogen wurden oder die Hinterlegung von Wertgegenständen mit Pfand- und Darlehensgeschäften verbunden war. Die Gelder der Pilger und Kreuzfahrer mussten ins Heilige Land überführt oder so mit den Geldern des Ordens verrechnet werden, dass eine Auszahlung vor Ort möglich war. Teilweise war es auch erforderlich, regionale gegen überregionale Münzsorten zu wechseln. Es ist so kein Zufall, dass man in diesen Geschäften der Templer die Anfänge des europäischen Bankwesens gesehen hat. Der Orden konnte durchaus mit den aufsteigenden italienischen Bankiers aus der Lombardei bzw. aus Siena und Florenz konkurrie-

ren, da diese zunächst noch kein Netz von «Filialen» besaßen,
das den zahlreichen Häusern des Ordens im Westen wie im Heiligen Land entsprochen hätte.

Zu den Depositaren der Templer gehörten insbesondere die
westeuropäischen Herrscher, die zeitweilig dem Orden ganz
oder mindestens teilweise den königlichen Schatz anvertrauten.
So deponierte der französische König bis 1295 und dann ab
1303 seine Gelder im Temple in Paris. Jakob I. von Aragón
übergab seine Juwelen vor 1240 zeitweilig den Templern in
Monzón, und Johann «Ohneland» und Heinrich III. von England verwahrten die englischen Kronjuwelen lange im Londoner Temple. Heinrich III. ließ sie allerdings 1261 aufgrund seines Konflikts mit den Baronen nach Frankreich überführen, wo
ein Inventar erstellt wurde. 1264 bildeten sie das Pfand für ein
Darlehen von Kaufleuten, möglicherweise unter Vermittlung
der Pariser Templer. Dabei verblieben sie jedoch unter der Bürg-
schaft seiner Schwägerin, der französischen Königin Margarethe, im Temple und wurden erst 1272 nach England zurück-
gebracht. Ähnlich bedienten sich auch viele Kaufleute der Templerhäuser, um ihre Gelder sicher unterzubringen.

Die Brüder hatten den Ruf, die Reichtümer nur gegen schriftliche oder persönliche Anweisung ihrer Besitzer wieder herauszugeben. Selbst die Herrscher setzten sich nur in Ausnahmefäl-
len darüber hinweg und beschlagnahmten bei den Templern de-
ponierten Besitz. Als sich der spätere Eduard I. als Kronprinz
1263 einmal an Deposita im Londoner Temple vergriff, kam es
deshalb sogar zu einem Aufstand. Selbst in einer Notsituation
wie während der Gefangennahme Ludwigs IX. auf dem Kreuzzug in Ägypten im Frühjahr 1250 musste der Marschall des Ordens, Renaut de Vichiers, förmlich gezwungen werden, die ihm
anvertrauten Gelder herauszugeben. Der Chronist Jean de Joinville, der als Beauftragter des Königs handelte, berichtet, die
Templer hätten auf ihren Pflichten gegenüber den Depositaren
bestanden und erst auf königlichen Befehl die Schlüssel heraus-
gegeben, nicht ohne auf die Möglichkeit zu verweisen, sie
könnten die Verluste durch die in Akkon verwahrten königlichen Gelder ausgleichen.

Vor diesem Hintergrund lag es nahe, vor einer Pilgerfahrt oder einem Kreuzzug seine finanziellen Angelegenheiten mit Hilfe der Templer zu regeln und Gelder an das Ziel der Reise transferieren zu lassen. Das galt, wie das Testament des Pierre Sarrasin von 1220 belegt, bereits für Pilgerfahrten innerhalb Europas, in diesem Fall nach Santiago de Compostela, vor allem aber für die Teilnahme an Unternehmen ins Heilige Land. Gelegentlich kam es wohl dabei auch zu Konflikten um hinterlegte Gelder. Jean de Joinville berichtet, er habe nach der Rückkehr aus Ägypten 360 *livres* bei den Templern in Akkon deponiert, davon aber selbst nach einer Intervention beim neuen Meister Renaut de Vichiers zunächst nichts zurückbekommen. Erst vier Tage später sei dieser zu ihm, Joinville gekommen, und habe ohne weitere Begründung erklärt, sein Geld sei wieder gefunden worden und er könne darüber verfügen. Weil der verantwortliche Komtur danach versetzt wurde, bleibt offen, ob der Vorgang auf einem Versehen oder auf Betrug beruhte.

Die Ressourcen des Ordens ermöglichten es ihm, den Herrschern und Autoritäten immer wieder mit Anleihen zu Hilfe zu kommen. Das galt schon für die Finanzierung des Zweiten Kreuzzugs durch Ludwig VII. von Frankreich 1147/1148. 1215 nahm auch König Johann bei den Templern Summen zur Bezahlung der gegen die englischen Barone eingesetzten Söldner auf, und Kaiser Balduin II., der Herrscher des in Konstantinopel etablierten Lateinischen Kaiserreichs, verpfändete 1240 für eine erhebliche Summe sogar eine Kreuzesreliquie. 1260 nutzte der Patriarch von Jerusalem, Guillaume d'Agen, die finanziellen Transaktionsmöglichkeiten der Templer zur Stützung der durch den Mamluken-Sultan Baibars bedrohten Kreuzfahrerstaaten. Er ließ Geld für Bogenschützen in Akkon hinterlegen, brachte Geld für 50 Ritter auf, die ins Heilige Land ziehen sollten, und zahlte offene Anleihen zurück. Auch andere geistliche Institutionen wie der Abt von Cluny oder Privatpersonen nahmen Darlehen bei den Templern auf, ungeachtet der damit verbundenen Risiken und teils ungünstigen Konditionen. So schreckte der Orden nicht davor zurück, Schulden auf dem Rechtsweg einzufordern, einmal sogar mit einer Klage vor dem obersten

Gerichtshof in Frankreich, dem *Parlement de Paris*, und Darlehensverträge in Südfrankreich enthielten Klauseln zugunsten des Ordens, die die Münzverschlechterung berücksichtigten.

Allerdings geriet der Orden mehrfach selbst in finanzielle Bedrängnis. Aus der Zeit des Kreuzzugs unter Ludwig IX. sind Wechselbriefe genuesischer Kaufleute überliefert, die die Überweisung von Geldern der Templer belegen. 1253 verfügte Papst Innozenz IV. eine Reihe von Maßnahmen, die den in Schulden geratenen Templern helfen sollten. Auch durch den Rückgang an Schenkungen konnte der Orden in der zweiten Hälfte des 13. Jahrhunderts entgegen gängiger Vorstellungen über weniger Einkünfte und Besitz als zuvor verfügen.

Die Templer entwickelten, soweit wir wissen, für die von ihnen verwahrten Gelder nach und nach ein detailliertes Rechnungswesen. Dies betraf auch die Verwahrung der Gelder ranghoher Adliger. So erhielt Blanche von Kastilien, die Mutter Ludwigs IX. und lange Zeit Regentin Frankreichs, für ihre Deposita in den 1240er Jahren dreimal jährlich, zum 2. Februar, zu Christi Himmelfahrt und zum 1. November, «Bankauszüge», die den letzten Stand, die einzelnen Ein- und Ausgänge sowie den aktuellen Stand vermerkten. Die Abrechnungen aus dem Pariser Temple von 1295/1296 belegen rund 60 Konten der königlichen Familie, geistlicher und weltlicher Würdenträger sowie Pariser Kaufleute mitsamt den erfolgten Ein- und Auszahlungen. Sie nennen zudem die diensthabenden Brüder und die Öffnungstage der «Bankschalter». Im November 1295 wurden an 23 Öffnungstagen 75 Geschäfte getätigt, im ruhigen August dagegen an sechs Öffnungstagen nur acht Geschäfte. Eingehende Münzen verschiedener Währungen wurden am Ende des Tages mit Hilfe eines Rechenbretts in Pariser Münze umgerechnet. Insgesamt ergibt dieses Rechnungsbuch zwar keineswegs ein vollständiges Bild, doch zeigt sich bei den Finanzgeschäften der Templer eine eigene Dynamik, die bei einer geistlichen Institution zunächst überrascht.

7. Spiritualität und Kultur

Die Schrift «Über das Lob der neuen Ritterschaft» Bernhards von Clairvaux war mehr als nur eine freundliche Ermahnung und Unterstützung. Sie beeinflusste und repräsentierte auch das Selbstverständnis und Selbstbewusstsein der Mitglieder der jungen Gemeinschaft. Was dieses Selbstverständnis ausmachte, wird bereits im Brief des *Hugo peccator* an die Templer angedeutet, der ihnen nahelegt, sie sollten «kämpfen und siegen und in Jesus Christus, unserem Herrn, gekrönt werden» (Leclerq, 86). Der zentrale Gedanke des Heidenkampfes prägte in verschiedener Form auch die Privilegien und Stiftungsurkunden.

Den Kern bildet dabei der schon bei Bernhard von Clairvaux angelegte Vergleich mit den alttestamentarischen Kämpfern der Makkabäer. Es lag nahe, die Templer als «neue Makkabäer» zu sehen, wie das in der zweiten zentralen Bulle *Milites Templi* Papst Cölestins II. vom Januar 1144 geschieht: «Die Ritter des Tempels von Jerusalem, neue Makkabäer in der Zeit der Gnade, haben das Kreuz Christi auf sich genommen und sind ihm gefolgt, indem sie weltlichen Wünschen entsagt und persönlichen Besitz aufgegeben haben. Es geschieht durch sie, dass Gott die orientalische Kirche vom Unflat der Heiden befreit und die Gegner des christlichen Glaubens besiegt hat» (*Papsturkunden*, 1, 215). Der Makkabäer-Vergleich wurde auch für die anderen Ritterorden vorbildhaft. Untrennbar damit verbunden war die Rolle der Templer bei der Verteidigung Jerusalems und des Heiligen Landes. So gab der Graf Alphonse-Jordain von Toulouse 1134 die Erlaubnis für Stiftungen «an Gott und die christlichen Ritter, die Gott im Tempel des Salomon dienen und die Heilige Stadt mit ihren Einwohnern schützen und jene verteidigen, die dorthin und von dort aus reisen» (*Cartulaire*, 66).

Als der letzte Großmeister Jacques de Molay um 1306 von Papst Clemens V. aufgefordert wurde, zu einer möglichen Vereinigung der großen Ritterorden Stellung zu nehmen, hob er – in deutlicher Absetzung zu den Johannitern – in dieser Traditionslinie den militärischen Charakter seines Ordens hervor: «Der Orden der Johanniter ist auf der Hospitalität begründet, und darüber hinaus üben sie Kriegsdienst aus [...], aber der der Templer ist eigentlich auf dem Kriegsdienst begründet» (*Le dossier*, 6). In diesem Zusammenhang ging er auch auf die militärische Rolle der Templer in den Heeren der Kreuzfahrerstaaten und ihre Konkurrenz zu den Johannitern ein. Seine Stellungnahme bietet zwar insgesamt wenig Neues und bleibt der Ordenstradition verpflichtet, sie spiegelt aber das Selbstverständnis der meisten Mitglieder der Korporation, die noch im Verlauf des Prozesses auf den Tod vieler ihrer Brüder im Kampf gegen die Ungläubigen hinwiesen. So führten die inhaftierten Templer z. B. bei den Verhören im April 1310 zur Verteidigung ins Feld, die Mitglieder des Ordens hätten im Heiligen Land unter vielen Opfern gegen die Sarazenen und die Gegner des christlichen Glaubens gekämpft. So sei in der Zeit König Ludwigs, gemeint ist wohl die Schlacht bei La Forbie 1244, der ganze Konvent umgekommen, und beim Verlust von Akkon 1291 hätten der Meister Guillaume de Beaujeu und 300 Brüder den Tod gefunden.

Ungeachtet der klaren Abgrenzung von den Johannitern erwähnte Jacques de Molay in seiner Stellungnahme aber auch karitative Aufgaben, die die Templer ähnlich wie andere geistliche Institutionen übernahmen. Sie speisten in allen Häusern dreimal wöchentlich Bedürftige und gäben ihnen den zehnten Teil ihres Brots. So kann es kaum überraschen, dass der Orden gelegentlich sogar für Hospitäler zuständig wurde. Er unterhielt zum Beispiel in Valania in der Grafschaft Tripolis ein Hospital zur Versorgung von Pilgern, und ein weiteres in Braga in Portugal wurde ihm im August 1145 vom dortigen Erzbischof João zur Verwaltung übergeben, mit der Auflage, für Pilger, Arme und Kranke zu sorgen. Auch in Gnesen erfolgte im Frühjahr 1232 die – allerdings nicht umgesetzte – Schenkung eines Hospitals und weiterer Besitzungen durch Herzog Władysław Odonicz.

Angesichts der militärischen Aufgaben der Templer gerät leicht in Vergessenheit, dass sie eine geistliche Institution waren, in der geistliche Pflichten eine zentrale Rolle spielten. Während der Verhöre im Templerprozess hatte Jacques de Molay im November 1309 die Gelegenheit, die drei wichtigsten Verdienste seines Ordens herauszustellen. Die Verteidigung der Christenheit rangiert in seiner Liste trotz der Erwähnung der zahllosen Opfer des Ordens erst an dritter Stelle. Noch vor dem Hinweis auf die vielen Almosen, mit denen die Templer jeden anderen Orden überträfen, hebt Molay hervor, er «kenne keinen anderen Orden, in dem die Kapellen und Kirchen bessere und schönere Ornamente, Reliquien und für den Gottesdienst notwendige Gegenstände hätten und in dem – mit Ausnahme der Kathedralkirchen – die Priester und die Kleriker bessere Gottesdienste feierten» (*Le dossier*, 166).

Der Alltag der Ritterbrüder war wie der der Priesterbrüder nach den liturgischen Stunden strukturiert. Wenn sich die Ritterbrüder in Häusern mit einer Kapelle aufhielten, sollten sie bis zu viermal an den Gottesdiensten teilnehmen, nämlich zur ersten, dritten, sechsten und neunten Stunde des Tages. Wenn sie auf ihren Feldzügen unterwegs waren, sollten sie stattdessen eine bestimmte Anzahl an Vaterunsern beten. In der Regel war außerdem festgelegt, dass sie sich in den Ordenshäusern zwischen den Gebetszeiten um ihre Pferde und Ausstattung zu kümmern hatten. Mit Anbruch der Dunkelheit sollten sie zu Bett gehen, und auch nach der Matutin durften sie noch einmal bis zur Prim gegen sechs Uhr schlafen. Die einzige gemeinsame Mahlzeit war mittags während einer Lesung schweigend einzunehmen. Die Brüder sollten nicht unnötig, sondern ruhig und höflich miteinander sprechen. Es galten also monastische Verhaltensregeln.

Den Priesterbrüdern kam zwar hinter den Ritterbrüdern im Orden in militärischen und politischen Fragen nur der zweite Rang zu, ihre Bedeutung darf aber nicht vernachlässigt werden. Sie waren sowohl für die geistliche Versorgung der Brüder in den Ordenshäusern als auch der Kirchen unter Ordenspatronat zuständig. Einige stiegen im 13. Jahrhundert sogar zu Bischöfen auf. Mit Schenkungen erhielten die Templer Kapellen übertragen, in denen die Priesterbrüder für das Seelenheil des Stifters und seiner Familie Messen abhalten sollten. Die Kapellen des Ordens erhielten zudem Gaben von Bruderschaften, deren Mitglieder sich davon geistliche Vorteile versprachen.

Die Templer galten bis zuletzt als persönlich fromm. So bestätigten die Zeugen im Templerprozess auf Zypern, die Brüder würden keine Messe versäumen und ihren christlichen Pflichten nachkommen. Selbst die überaus einseitigen französischen Akten belegen ihre persönliche Frömmigkeit. Weibliche Heilige wie Maria und Katharina von Alexandria erfuhren bei den Templern wie bei den anderen Ritterorden eine besondere Verehrung. Auch der Reliquienkult, die Verehrung der sterblichen Überreste von Heiligen, war im Orden verbreitet.

Ereignisse wie der Tod eines Meisters oder die Wahl eines neuen Meisters wurden von einer speziellen Liturgie begleitet. So gab es, wie das Obituar von Reims erkennen lässt, ein kollektives Totengedenken, und laut Regel wurden nach dem Tod der Meister für deren Seelenheil regelmäßig 100 Arme gespeist. Zudem war es üblich, die Wahl eines neuen Meisters mit einem *Te deum laudamus* zu begrüßen.

Grundlage der geistlichen Seite des Ordens war eine Grundausstattung der Ordenshäuser mit Büchern, wie sie etwa für 1307 mit vier Büchern für die Kapelle in Baugy oder mit drei Messbüchern, einem Breviar, einem Psalter und einem Graduale im benachbarten Bretteville erkennbar wird. Davon abgesehen spielte Bildung im Orden jedoch eine untergeordnete Rolle. Aus den Verhören von 1311 ist die Aussage eines Templers überliefert, schreib- und lesekundige Brüder hätten schlechtere Aufstiegsmöglichkeiten gehabt als ungebildete. Offenbar lag dem Orden wenig an der geistigen Formung seiner Mitglieder, sodass die wenigen juristisch Gebildeten in der Zeit des Templerprozesses zuvor außerhalb studiert hatten. Über eigene Schriften von Templern ist wenig bekannt. Der Meister Robert de Sablé soll vor seinem Eintritt zu den südfranzösischen Trouvères gehört haben, doch ist nur ein einziges Gedicht erhalten, das ihm zugeschrieben wird. Eine Bemerkung des englischen Chronisten Matthäus Parisiensis deutet auf eine Schilderung der Ereignisse des Fünften Kreuzzugs durch die Templer, doch ist kein Text bekannt, der dafür in Frage käme.

Einen wesentlichen kulturellen Beitrag leisteten die Templer jedoch auf dem Gebiet der Kunst und Architektur. Auch wenn sie zumeist den regionalen Stilen und Formen folgten, gibt es doch einige nicht so häufig für andere Bauten nachweisbare Be-

sonderheiten. Dazu zählen in der Architektur die frühen Rund-
kirchen in England, die an die Grabeskirche erinnern sollten, so
Old und New Temple in London oder Temple Bruer in Essex,
oder auch die achteckige Templer-Kapelle in Metz. Teilweise
wurden für die Ausstattung der Kirchen und Häuser der Templer eigene Künstler beschäftigt, etwa für die bekannten Abbil-
dungszyklen in Cressac und S. Bevignate in Perugia. In Barletta
hat man außerdem bildlich gestaltete und mit Inschriften verse-
hene Grabmonumente gefunden.

Die Alltagskultur fiel meist bescheiden aus. Allerdings lässt
sich in der Spätzeit ein gewisser Luxus erkennen. So passen die
1307 für Baugy verzeichneten Federbetten, Tischtücher und
Servietten nicht recht zu der von Bernhard von Clairvaux be-
schriebenen strengen Lebensführung der Anfangsjahre. Auch
dies zeigt, wie das 13. Jahrhundert die Situation des Ordens zunehmend verändert hatte, bis es schließlich 1312 zu dessen Aufhebung kam.

Grabstein des Templers Simone
di Quincy mit seiner Darstellung
im geistlichen Habit des Ordens
(Barletta, Museo Civico)

III. Das Ende des Templerordens

1. Krise und neue Aufgaben um 1200

Unmittelbar nach der Niederlage von Hattin 1187 unterrichtete der Großkomtur Terricus, der nach der Gefangennahme Gérards de Ridefort die Leitung des Ordens übernommen hatte, die englischen Brüder über die Folgen der Schlacht. Diese waren nicht nur für das Heilige Land, sondern auch für die Templer selbst verheerend, zumal es auch nach Hattin noch zu hohen Verlusten kam. Im Dezember 1188 ging das stark befestigte Safad verloren, im Oktober 1189 kamen vor Akkon in der Abwehrschlacht gegen Saladin neben dem Meister Gérard von Ridefort auch der Marschall und zahlreiche weitere Brüder des Ordens um Leben. Da nach und nach auch große Teile des Besitzes im Heiligen Land verloren gingen, war ein Neuanfang erforderlich.

Die schwierige Situation führte dazu, dass der Orden die Wahl eines neuen Meisters herausschob, bis der französische und der englische König im April und Juni 1191 eintrafen. Die Brüder entschieden sich für einen der Admiräle Richards I., den aus Maine stammenden Robert de Sablé, der erst kurz vor seiner Wahl in den Orden eintrat. Die Templer suchten so die Unterstützung des englischen Herrschers zu gewinnen, der – anders als Philipp II. Augustus – auch nach dem Fall Akkons im Juli 1191 im Land blieb. Waren die Templer schon für Guido von Lusignan und Konrad von Montferrat politisch und militärisch unverzichtbar, so kam ihnen auch unter Richard I. entscheidende Bedeutung zu. Zusammen mit den Johannitern sicherten sie den Marsch des Kreuzfahrerheers nach Süden und trugen wesentlich zum Sieg gegen Saladin im September 1191 bei Arsuf bei. Sie bewegten Richard Anfang 1192 auch zum Rückzug nach Akkon, obwohl Jerusalem schon nahe lag, weil die Stadt gegen die muslimischen Kontingente nicht zu verteidigen gewe-

sen wäre. Als Richard im Oktober 1192 nach einem Waffenstillstand mit Saladin in den Westen zurückkehrte, gehörten die
Templer zu den führenden Kräften im verbliebenen Königreich
Jerusalem, zumal sie relativ leicht Verstärkungen aus dem Westen heranführen konnten.

Der Tod Saladins im März 1193 und der Streit unter seinen
Erben verschaffte den christlichen Territorien eine Atempause.
Allerdings konnte sich bei den rasch aufeinanderfolgenden
Herrschern des Königreichs Jerusalem keine rechte Stabilität
einstellen. Meister Robert de Sablé starb bereits im September
1193, sein im Orden selbst aufgestiegener Nachfolger Gilbert
Erail hielt sich nach seiner Wahl 1194 wohl erst ab Ende 1197
im Heiligen Land auf und amtierte zudem nur bis Dezember
1200. Der 1201 gewählte Philippe de Plessis, der offenbar zuvor keine (höheren) Ordensämter innegehabt hatte, sah sich wie
seine Vorgänger durch die mehrfach erneuerten Waffenstill-
stände mit Ägypten gebunden, sodass es unter seiner Amtsfüh-
rung nur kleinere Unternehmen gab, ebenso wie es auch nur zu
einzelnen Einfällen ägyptischer Truppen kam. Nach dem Fehlschlag des Vierten Kreuzzugs, der 1204 gegen den Willen des
Papstes nicht, wie vorgesehen, Jerusalem, sondern das christliche Konstantinopel eroberte, trieb jedoch Innozenz III. mit
großer Konsequenz Vorbereitungen für einen neuen Kreuzzug
voran und unterstützte deshalb die Templer wie die anderen
Ritterorden mit besonderem Nachdruck. Er tat dies auch gegen
den Klerus der Kreuzfahrerstaaten, so schon 1199 gegen den
Bischof von Sidon, der die Templer aufgrund finanzieller Forderungen exkommuniziert hatte. Vor diesem Hintergrund erklärt
sich wohl, dass Philippe de Plessis im Juli 1209 im königlichen
Rat eine Entscheidung gegen die Verlängerung des Waffenstillstands mit Ägypten durchsetzte.

Zu einem neuen Kreuzzug kam es jedoch erst nach dem Tode
Innozenz' III. 1216. Auf den Beratungen in Akkon im Herbst
1217 beschloss man, Damiette in Ägypten anzugreifen. Die bereits angereisten Teilnehmer des Fünften Kreuzzugs brachen
dann unter der Leitung des Königs von Jerusalem, Johann von
Brienne, und der Ordensmeister im Mai 1218 ins Nildelta auf.

Im November 1219 fiel Damiette. Angebote des Sultans al-Kāmil, die Stadt gegen Jerusalem einzutauschen, lehnten die Kreuzfahrer, darunter zunächst auch die Templer, ab, wohl weil sie befürchteten, Jerusalem nicht verteidigen zu können. Am Ende brach das Heer 1221 unter Johann von Brienne in Richtung Kairo auf, wurde aber bald im Nildelta durch Flutungen und feindliche Truppen eingeschlossen. Damiette musste gegen die Freilassung der Gefangenen und die Zustimmung zu einem achtjährigen Waffenstillstand aufgegeben werden, und der Templer-Meister Pierre de Montaigu gehörte zu den Gesandten des Heeres, die dies der widerstrebenden christlichen Besatzung der Stadt nahe bringen mussten.

Honorius III. hatte um 1220 auf ein Eingreifen Kaiser Friedrichs II. in Ägypten gehofft. Dessen Kreuzzugsvorhaben verzögerte sich jedoch trotz erneuter Selbstverpflichtung immer wieder, zuletzt 1227 durch eine auf seinen Schiffen ausgebrochene Epidemie. Daraufhin sprach der neue Papst Gregor IX. über Friedrich den Bann aus. Der Kaiser trat jedoch ungeachtet des Banns seinen Kreuzzug im folgenden Jahr an und landete im September 1228 in Akkon. Im Heiligen Land erfuhr er nur durch den Deutschen Orden volle Unterstützung, während sich Templer und Johanniter zurückhielten, ihn aber immerhin auf seinem Weg nach Jaffa mit gewisser Distanz eskortierten.

In der Folge zog der Kaiser die Brüder nicht zu den Verhandlungen mit dem Sultan al-Kāmil hinzu. Als es dann im Februar 1229 zu einem zehnjährigen Waffenstillstand und zur Rückgabe Jerusalems, Bethlehems und Nazareths kam, waren für ihre Verteidigung wichtige Burgen weiter in muslimischer Hand, ebenso das ehemalige Templerareal und die al-Aqsa-Moschee in Jerusalem. Pierre de Montaigu lehnte den Vertrag daher ab, zog aber dennoch mit Friedrich im März in Jerusalem ein. Die Politik des Kaisers und die Haltung der Templer führten am Ende zu wachsenden Spannungen, die im Frühjahr 1229 in einem Angriff auf die Häuser der Templer und des Patriarchen von Jerusalem in Akkon gipfelten. Obwohl Friedrich dem Orden nach seiner Rückkehr die Besitzungen im Königreich Sizilien entzog, verhielten sich die Templer nach dem Tode Montaigus um 1231 neutral und unternahmen unter dem neuen Meister Armand de Pierregort wenig gegen den von Friedrich geschlossenen Waffenstillstand. Allerdings erlitt der Orden 1237 schwere Verluste, als der Meister mit 120 Brüdern muslimische Kontingente angriff, die das Umfeld Akkons geplündert und zerstört hatten. Außer dem Meister überlebten dabei nur neun der Templer.

Mit dem Auslaufen des Waffenstillstands im Jahre 1239 gelang es Papst Gregor IX., ein neues Kreuzfahrerheer unter Theobald, König von Navarra und Graf der Champagne, zu mobilisieren. Als diese Kontingente 1239 aufbrachen, sah auch Meister Armand de Pierregort angesichts der schwachen Position des neuen Sultans und innerislamischer Konflikte die Chance zur Stärkung der christlichen Position. Zwar gab es bald darauf einige Rückschläge, und im September 1240 zog sich Theobald aus dem Heiligen Land zurück, doch brachte der zuvor geschlossene Friede mit Damaskus Galiläa bis zum Jordan wieder unter christliche Herrschaft, darunter auch das 1188 verlorene Safad.

Die Templer begannen daraufhin in Safad mit einem massiven Aufbauprogramm, das ihnen half, sich dort bis 1266 zu behaupten. Überhaupt gelang dem Orden nach 1187 eine Ausweitung seines Besitzes im Heiligen Land, meist auf Kosten der weltlichen Barone, die sich aus eigenen Kräften nicht mehr halten konnten. In den Küstenstädten Akkon und Tortosa und ihrer Umgebung bauten sie ihre Positionen sogar noch aus, und in der Herrschaft Caesarea besaß der Orden vor 1241 wohl bis zu einem Viertel des Grund und Bodens. Dazu kamen neue Burgen wie die in ʿAtlīt (Château Pélérin) südlich von Haifa, die an die Stelle der älteren Anlage in Destroit trat und zwischen 1217 und 1222 mit Hilfe der Teilnehmer des Fünften Kreuzzugs errichtet worden war. Im Norden der Kreuzfahrerstaaten stabilisierte sich die Lage zugunsten der Christen. Das 1188 gegen Saladin gefallene Baghras konnte 1216 zurückgewonnen werden. Auch in anderen Teilen des Mittelmeerraums und des lateinischen Europa konnte der Orden nach 1187 weiteren Besitz erwerben.

Als Fehlschlag erwies sich der Versuch, auf Zypern eine eigene Landesherrschaft aufzubauen. Richard I. hatte die Insel auf seinem Weg ins Heilige Land besetzt. Da er sie nicht selbst verwalten wollte, verkaufte er sie gegen 100 000 Byzantiner, von denen 40 000 unmittelbar ausgezahlt wurden, 1192 an die Templer. Der Orden konnte zwar zu diesem Zeitpunkt offenbar genug Geld aufbringen, aber kein ausreichendes Personal. Als die in der Burg von Nicosia stationierten Brüder daran gingen, ähnlich rigoros wie im Heiligen Land Abgaben einzuziehen, kam es im April 1192 zum Aufstand gegen ihre Herrschaft. Die rund 100 Kämpfer, darunter 14 Ritterbrüder, reagierten darauf mit einem Ausfall aus der Burg, der zahlreiche Opfer kostete, weil sie selbst vor Kirchentüren nicht Halt machten. Letztlich erwies sich ihre Lage aber als unhaltbar, sodass Richard die Herrschaft über Zypern im Mai an Guido von Lusignan übertrug, der Anfang des Jahres als König von Jerusalem abgesetzt worden war. Dem Orden blieb immerhin erheblicher Besitz, der nach 1291 auch die Verlegung des zentralen Konvents auf die Insel gestattete. In Famagusta und Limassol hatten die Templer eigene Viertel, und sie besaßen eine Reihe von weiteren Burgen.

Der Orden profitierte zudem von der Eroberung Griechenlands durch die Teilnehmer des Vierten Kreuzzugs. Eine Bulle Innozenz' III. bestätigte den Templern 1210 Besitz bei Thessalonike, bei Theben, auf Euböa, im südlichen Thessalien und auf der Peloponnes. So erhielten sie die Herrschaft Lamia in Thessalien, vielleicht auch eine Baronie im Fürstentum Achaia, auch wenn diese Häuser nie große Bedeutung erlangten. Parallel erfolgte eine Besitzausweitung im südöstlichen und östlichen Mitteleuropa, in Kroatien, Ungarn, Böhmen und Polen. So waren die Templer 1241 auch an den Kämpfen gegen die Mongolen beteiligt und übernahmen noch 1290 Siedlungsaufgaben in der Komturei Tempelburg (Czaplinek) im Raum Großpolen.

Hier wie im Westen Europas kooperierten sie eng mit den jeweiligen Herrschern. Wenn der Orden die Krise der Jahre um 1200 rasch überwand, so lag es wohl auch an der stark gewachsenen politischen Bedeutung, die den Brüdern nun im lateinischen Westen zukam. In Frankreich wurden sie unter Philipp II. Augustus, Ludwig IX. und Philipp III. für Aufgaben des Königtums herangezogen, in Rom finden sie sich unter den päpstlichen Amtsträgern, und auch in Aragón ging der Orden eine enge Verbindung mit der Krone ein. Dies erlaubte auch im Heiligen Land neue Anläufe zur Stärkung der christlichen Position.

2. Die Niederlagen des späteren 13. Jahrhunderts

Der rasche Abzug Theobalds von Navarra löste eine Reihe von Ereignissen aus, die am Ende zum Nachteil der verbliebenen christlichen Territorien ausschlugen. Dabei spielten die Templer mehrmals eine entscheidende Rolle. Als der nach Theobald als Kreuzfahrer ins Land gekommene Richard von Cornwall auf der Linie der kaiserlichen Politik Anfang 1241 ein Bündnis mit dem ägyptischen Sultan Aiyūb schloss, konnte dies der papsttreue Orden zwar nicht verhindern. Die Brüder unterstützten aber die Barone, die die kaiserlichen Repräsentanten im Heiligen Land, Ricardo Filangieri und später Tommaso, den Grafen von Acerra, bekämpften. Sie beteiligten sich wohl auch an der Belagerung des Konvents der Johanniter in Akkon zwischen Oktober 1241 und März 1242, von denen einige Filangieris Versuch unterstützt hatten, in Akkon Fuß zu fassen. Im Oktober 1242 spielten die Templer zudem eine wichtige Rolle beim Angriff auf Nablus, das Aiyūb offenbar entgegen seinen Zusagen den Christen nicht übergeben hatte. Angesichts immer neuer Konstellationen im innermuslimischen Machtstreit fanden sich zwar auch die Templer 1243 zu Verhandlungen mit Aiyūb bereit, doch als er zögerte, erneuerten sie zusammen mit den Prälaten und einem Teil der Barone des Königreichs das Bündnis mit Ismāʿīl von Damaskus. Meister Armand de Pierregort hob in einem Schreiben nach England die damit verbundene Rückgabe Bethaniens, Bethlehems und Belvoirs an die Christen sowie, für die Templer besonders bedeutend, des Tempelbezirks an den Orden hervor.

Dies erwies sich jedoch als Scheinerfolg. Obwohl sich jetzt mehr Christen als zuvor nach Jerusalem auf den Weg machten, fehlten die Mittel für Befestigung und Verteidigung der Stadt. Weitere Unterstützung blieb aus, weil sich die italienischen Seestädte für Verhandlungen mit Aiyūb entschieden, so Venedig im

März 1244, und weil sich das Papsttum nach dem zweiten Bann
gegen den Kaiser 1239 auf den Kampf gegen Friedrich II. konzentrierte. Als Anfang 1244 der Konflikt zwischen Ismāʿīl und
Aiyūb offen ausbrach, verband sich letzterer mit den aus Nord-
syrien vertriebenen turkstämmigen Chwarizmiern, die sich mit
12 000 Kriegern in der Nähe Gazas niedergelassen hatten. Sie
waren es auch, die am 23. August 1244 Jerusalem eroberten
und die überlebenden Christen töteten. Daraufhin sammelten
die Kreuzfahrerstaaten ein Heer von vielleicht 2000 Rittern,
900 Turkopolen und 10 000 Fußsoldaten, das auch von den
muslimischen Verbündeten aus Damaskus und Homs Unterstützung erfuhr. Am 17. Oktober 1244 stellten sich die Truppen
bei La Forbie südlich von Askalon zur Schlacht mit den Ägyp-
tern und den Chwarizmiern. Das Ergebnis war ein ähnliches
Desaster wie in der Schlacht von Hattin. Unter den zahlreichen
Opfern waren zwischen 260 und 300 Ritterbrüder, Meister Armand de Pierregort eingeschlossen. Der ägyptische Sultan
konnte im Heiligen Land vordringen und eroberte 1247 unter
anderem Belvoir und Askalon zurück.

In dieser Situation kam wiederum Hilfe aus dem Westen, da
sich Ludwig IX. von Frankreich zur Kreuznahme entschlossen
hatte. Der 1247 gewählte Meister Guillaume de Sonnac war offenbar mit dem König schon in Frankreich während der Vorbereitungen zusammengetroffen und kam ihm dann im September
1248 bis nach Zypern entgegen. Ludwig entschied sich zum er-
neuten Angriff auf Damiette, das er im Juni 1249 einnehmen
konnte. Nach dem Tod Aiyūbs im November wagte er den Vor-
stoß nach Kairo, doch kam es dabei zu schweren Niederlagen.
Im Februar 1250 überquerte das Heer einen Nilarm, und die
Vorhut mit den Templern wehrte einen gegnerischen Angriff ab.
Ohne das restliche Heer abzuwarten, führte Graf Robert von
Artois, der Bruder des Königs, einen Angriff gegen die offen lie-
gende Stadt Mansurah. In den engen Gassen kamen 300 Ritter
und 280 Templer ums Leben, wenn Ludwig auch mit dem nach-
rückenden Heer eine völlige Niederlage verhindern konnte.
Der schwer verletzte Guillaume de Sonnac half sogar noch ein-
mal bei einem weiteren ägyptischen Angriff wenige Tage später,

starb aber an den Folgen neuer Wunden. Als im April der Rückzug unvermeidbar wurde und es dabei erneut zur Schlacht kam,
sollen nur drei Templer überlebt haben. Die Gefangenen, darunter Ludwig IX., wurden im Mai 1250 gegen erhebliche, teilweise von den Templern aufgebrachte Lösegelder sowie die
Übergabe von Damiette ausgelöst.

Der französische König blieb aber noch bis 1254 im Heiligen
Land und baute die Befestigungen in Akkon, Caesarea, Jaffa
und Sidon aus. Er schloss einen Vertrag mit den neuen Herrschern in Ägypten, der Kriegerkaste der Mamlūken, obwohl der
Orden das Bündnis mit Damaskus gesucht hatte – sehr zum Un-
willen Ludwigs, der daraufhin den von seinen Gnaden gewähl-
ten neuen Meister Renaut de Vichiers öffentlich demütigte.
Während der König nur die Rückgabe der verbliebenen Gefangenen erreichte, erwirkten die Templer zusammen mit den Baronen nach der Abreise Ludwigs 1255 doch noch einen zehnjährigen Waffenstillstand mit dem Sultan von Damaskus.

Stabiler wurden die Verhältnisse dadurch allerdings nicht.
Dazu trugen auch die Spannungen zwischen Venedig und Pisa
auf der einen sowie Genua auf der anderen Seite bei, die 1258/59
in einen Krieg um das Kastell und die Kirche St. Sabas in Akkon
mündeten. Wie schon im Konflikt zwischen kaiserlicher Regentschaft und Baronen wurden die Templer und Johanniter darin
verwickelt, da die Templer für die Venezianer, die Johanniter
aber für die kaisertreuen Genuesen Partei ergriffen. Mongo-
lische Hilfe gegen die Mamlūken lehnten die Christen im Heiligen Land spätestens nach den mongolischen Angriffen auf Ungarn und Polen ab. Stattdessen appellierte der neue Meister
Thomas Bérard im Frühjahr 1260 an den Westen, Hilfe gegen
die Mongolen zu senden, die in diesem Jahr Damaskus, Aleppo
und Sidon einnahmen. Er nennt in diesem Zusammenhang die
Zahl von drei Burgen des Ordens im Fürstentum Antiochia (gemeint ist wohl unter anderem Baghras) sowie jeweils zwei in der
Grafschaft Tripolis (Tortosa und Chastel Blanc) und im Königreich Jerusalem (Safad und ʿAtlīt), die die Hauptlast der Verteidigung der Kreuzfahrerstaaten trügen.

Die Christen konnten letztlich einen Waffenstillstand mit den

Mamlūken schließen, die die Mongolen im September 1260 bei 'Ein Jalud südlich von La Fève schlugen. Die Templer griffen danach im Frühjahr 1261 zusammen mit den Baronen die Turkomanen an, erlitten aber dabei eine schwere Niederlage. Ungeachtet ihrer militärischen und wirtschaftlichen Probleme setzten die Templer dennoch zugleich den Ankauf weltlicher Besitzungen fort. So verkaufte ihnen Julian von Sidon 1260 die von den Mongolen zerstörte Stadt und weiteren Besitz.

Zusätzlich in Bedrängnis geriet der Orden durch die Angriffe des Mamlūkensultans Baibars (1260–1277), der mit seinen Truppen ungehindert durch das Land ziehen konnte und einen christlichen Stützpunkt nach dem anderen einnahm. Die verbliebenen christlichen Territorien, geographisch und politisch zersplittert – denn das Königtum war weiterhin umstritten –, konnten dem wenig entgegensetzen, auch wenn die Templer wie etwa im Juni 1264 bei der Befreiung des Kastellans von Jaffa aus den Händen der Mamlūken noch kleinere Erfolge hatten. 1263 und 1267 griff Baibars Akkon an, unterstützt von den Genuesen, 1265 zerstörte er die Stadt 'Atlīt und nahm nacheinander Caesarea, Haifa und Arsuf ein. Im Juli 1266 fiel nach mehreren Angriffen Safad, wo Baibars offenbar Unterstützung von den syrischen Christen erhalten hatte. Als im Mai 1268 auch Antiochia in Baibars' Hände geriet, zogen sich die Templer endgültig aus ihren Burgen Baghras, La Roche de Roussel und Port Bonnel zurück. Im März 1271 konnte Baibars dann die Festungen im Vorfeld Tortosas einnehmen, neben dem Crac des Chevaliers von den Johannitern auch Chastel Blanc von den Templern. Die christlichen Besitzungen im Heiligen Land reduzierten sich damit auf die Küstenlinie.

Es bedurfte daher der Hilfe von außen. Ludwig IX. wandte sich jedoch auf seinem zweiten Kreuzzug 1270 aus unbekannten Gründen gegen Tunis, und ein Unternehmen Jakobs I. von Aragón scheiterte bereits im September 1269 an einem Sturm vor der Küste Kataloniens. Als einziger erreichte der englische Kronprinz Eduard mit einem kleinen Heer im Mai 1271 Akkon. Seine militärischen Erfolge waren gering, dennoch entschloss sich Baibars im April 1272, einem Waffenstillstand auf zehn

Jahre zuzustimmen. Eine Rolle dürfte dafür auch gespielt haben, dass sich nunmehr Karl von Anjou von Sizilien aus in Palästina einschaltete. Nach dem Tod Thomas Bérards wurde im Mai 1273 mit Guillaume de Beaujeu, dem Komtur für Süditalien und Sizilien, ein Vertrauter Karls zum Meister gewählt. Als Guillaume im Mai 1274 am Zweiten Lyoner Konzil teilnahm, das sich wesentlich mit Planungen für einen neuen Kreuzzug befasste, reagierte er folglich wenig begeistert auf die Kreuzzugspläne Jakobs I. von Aragón, der denn auch bald darauf das Konzil verließ. Nach seiner Ankunft in Akkon im September 1275 unterstützte Guillaume die Pläne der Anjou gegen König Hugo von Zypern als Herrscher im christlichen Palästina und nahm Karls Gesandten Rogerio de San Severino bei den Templern in Akkon auf. Dies trug zur allgemeinen Anerkennung Karls in den Kreuzfahrerstaaten bei, der nun die christlichen Stützpunkte von Sizilien aus versorgte. Der sizilianische Aufstand von 1282 und Karls Tod 1285 erneuerten allerdings – auch mit Zustimmung der Templer – den Einfluss der zyprischen Herrscher in den Resten des Königreichs Jerusalem.

Obwohl der Waffenstillstand mit dem neuen Mamlükenherrscher Qalawun noch 1281 und 1282 durch einzelne Landesherren erneuert worden war, so auch durch den Meister Guillaume de Beaujeu für Tortosa, begann der Sultan 1285 mit einer Serie von Angriffen gegen christliche Festungen und Städte. Bereits 1285 fiel mit Margat die Hauptburg der Johanniter, 1287 Latakia und 1289 Tripolis. Als Qalawun im November 1290 starb, setzte sein Sohn die umfangreichen Vorbereitungen für den Angriff auf Akkon fort. Dieser begann im April 1291, und bereits im Mai drangen die muslimischen Verbände in die Stadt ein, die trotz zwischenzeitig eingetroffener Verstärkungen nicht gehalten werden konnte. Zuletzt fiel am 28. Mai 1291 das Stadtschloss der Templer.

Der Komtur Thibaut Gaudin hatte drei Tage zuvor die Stadt auf einem Schiff mit Schatz und Archiv des Ordens verlassen können. Allerdings mussten die Brüder angesichts ausbleibender Verstärkungen auch Sidon, Tortosa und ʿAtlīt im Juli und August 1291 räumen. Als neuen christlichen Stützpunkt konnten die Templer erst um 1302 die wasserlose Insel Ruad vor Tortosa gewinnen, mussten aber schließlich auch dort aufgeben. Weitere Bemühungen um die Rückgewinnung des Heiligen Landes scheiterten, was die Templer wie die anderen Ritterorden wachsendem Unmut aussetzte.

3. Die Kritik an den Templern

Kritik an den Templern wie an den geistlichen Ritterorden allgemein gab es während ihrer gesamten Geschichte, wenn auch in unterschiedlicher Intensität und mit unterschiedlichen Intentionen. Zielten die Vorwürfe in der Gründungsphase vor allem auf die geistliche Lebensform des Ordens, die Verbindung von monastischen Elementen mit dem Heidenkampf oder die Privilegien der Gemeinschaft, ging es im 13. Jahrhundert in wachsendem Maße um die Politik der Templer im Heiligen Land. In einer ersten Phase bis 1250 wurden die Verwendung der Mittel und die politischen Entscheidungen im Heiligen Land kritisiert. In einer zweiten Phase, die im Wesentlichen erst mit dem Verlust der letzten christlichen Besitzungen 1291 einsetzt, wurde die Existenz des Ordens in der bisherigen Form grundsätzlich in Frage gestellt. Diese Kritik bildete dann auch den Hintergrund für das Vorgehen Philipps IV. von Frankreich gegen die Templer.

Die Vorbehalte der Jahre bis 1250 standen in erheblichem Maße unter dem Eindruck der innenpolitischen Konflikte um die Herrschaft im Heiligen Land. So warf der englische Chronist Matthäus Parisiensis den Templern für 1229 Stolz und Neid gegenüber den Erfolgen Friedrichs II. vor. Deshalb – und angesichts der Haltung des Papstes – hätten sie versucht, den Kaiser bei seinem Aufenthalt in einen Hinterhalt zu locken, indem sie den ägyptischen Sultan über eine Reise Friedrichs mit nur wenig Begleitung an den Jordan informierten. Als der Sultan den Kaiser über diesen Verrat unterrichtete, habe sich Friedrichs Haltung insbesondere gegenüber den Templern in erbitterte Feindschaft verwandelt. Im selben Zusammenhang klagte Matthäus, die Templer und Johanniter erhielten «so viele Einkünfte aus

der gesamten Christenheit und verschlingen sie nur für die Verteidigung des Heiligen Landes, als ob sie sie im Schlund der
Hölle versenkten» (Matthäus Parisiensis, 3, 178).

Man kann vermuten, dass Matthäus Parisiensis seine Informationen über Richard von Cornwall erhielt, den Schwager des
Kaisers, zumal auch die Briefe Friedrichs II. mehrfach Angriffe
auf die Templer enthalten. So machte sie der Kaiser zusammen
mit den Baronen des Königreichs Jerusalem für den endgültigen
Verlust der Stadt im August 1244 verantwortlich, weil sie den
von Richard von Cornwall geschlossenen Waffenstillstand mit
dem Sultan von Ägypten nicht hatten akzeptieren wollen.
«Nach Art uneiniger Fuhrleute», schrieb er dazu an die abendländischen Fürsten, «wollten sie den Wagen nach verschiedenen
Richtungen fahren und stürzten endlich, wie der Ausgang der
Dinge lehrte, in den weglosen Abgrund. Dies ist Euch, wie Wir
glauben, nicht unbekannt geblieben, dass der vornehmlichste
und einzige Grund des gegenwärtigen Unglücks ist, dass sie den
Sultan von Babylon [Ägypten] durch ihre dauernden Beleidi-
gungen und Übergriffe schließlich gereizt haben und dazu zwangen, entferntere Hilfe zu suchen und zum Äußersten zu greifen»
(*Historia diplomatica*, 6, 1, 239; dt. *Kaiser Friedrich II.*, 582).
Durch ihren Hochmut und ihre Einfalt hätten die Templer
außerdem, so ergänzt Friedrich 1245 in einem Schreiben an
Richard von Cornwall, den Krieg mit Ägypten und die Niederlage bei La Forbie verschuldet, indem sie auf den unzuverläs-
sigen Herrscher von Damaskus gesetzt hätten. Sie seien sogar so
weit gegangen, dessen Gesandte in ihren Häusern prunkvoll zu
empfangen und dort deren «abergläubische Bräuche samt der
Anrufung Mohammeds sowie ihre weltlichen Ausschwei-
fungen» zu dulden (ebd., 256 bzw. 586). Aus Friedrich spricht
hier nicht zuletzt der Ärger über den Niedergang des staufischen
Einflusses im Heiligen Land.

Dies nimmt wesentliche Inhalte späterer Vorwürfe vorweg:
die unzureichende Nutzung der großen Ressourcen des Ordens;
der Hochmut, die Arroganz, die Macht- und Geldgier der Brüder; ihre eigennützige Politik, die dem Heiligen Land schade
und auch zur Verleugnung eigener Traditionen geführt habe.

Ähnliches findet sich bei anderen Kritikern vor und nach 1250. So warf der Provenzale Peire Cardenal nach 1222 den Templern wie den Johannitern Stolz vor, und der Troubadour Daspol machte um 1270 Stolz und Geiz der beiden Orden dafür verantwortlich, dass die Sarazenen im Heiligen Land nicht besiegt und bekehrt werden könnten.

Einen weiteren Aspekt bringt das 1289 entstandene satirische Gedicht *Renart le nouvel* des flämischen Troubadours Jacquemart Giélée ins Spiel. Hier konkurrieren Templer und Johanniter vor dem Helden «Reinecke Fuchs» um die bessere Beurteilung. Der Johanniterbruder kann dabei aufgrund besserer rhetorischer Schulung den Templern die Schuld für die Niederlagen anhängen, weil sie sich gegen die Johanniter gestellt und mit den Muslimen verbunden hätten. Somit spiegelt sich in dieser Debatte auch der während des 13. Jahrhunderts immer wieder aufbrechende Streit zwischen den beiden Orden – über Bündnisse, die Regentschaft im Königreich Jerusalem, die Rolle der Seestädte und vieles mehr –, allerdings ohne dass am Ende eine Entscheidung fiele.

Die Misserfolge im Heiligen Land, die Verluste und die wachsende Bedrohung für die letzten christlichen Stützpunkte stießen eine Reformdebatte an, die durch den Fall Akkons 1291 zusätzliche Dynamik erhielt. Schon Ludwig IX. von Frankreich schlug in diesem Zusammenhang die Vereinigung von Templern und Johannitern vor, um die Ressourcen der Ritterorden effektiver einsetzen zu können. Dieses wurde auf dem Zweiten Lyoner Konzil von 1274, das die Hilfe für das Heilige Land zum zentralen Thema machte, noch dahingehend erweitert, dass alle geistlichen Ritterorden zusammengeführt werden sollten. Diesem Vorschlag standen jedoch nicht nur die Ritterorden selbst, sondern auch die iberischen Könige ablehnend gegenüber, unter anderem, weil sie eine Schwächung ihrer Reiche durch die Ablenkung von Kräften in den lateinischen Osten befürchteten.

Nach 1291 entstanden verschiedene Traktate über das beste Vorgehen zur «Wiedergewinnung des Heiligen Landes», die auch die Rolle der Ritterorden einbezogen. Einer der eifrigsten Reformautoren war der einflussreiche mallorquinische Theologe und Philosoph Ramon Lull, der schon 1292 für die Vereinigung der Ritterorden unter einem «Krieger-König» (*bellator rex*) eintrat. 1305 entwickelte er in seinem Traktat *De fine* detaillierte Konzepte, wie die Christen ihre Stellung in der Levante durch das Erlernen orientalischer Sprachen und friedliche Mission auf der einen und konzentriertes militärisches Vorgehen auf der anderen Seite verbessern könnten. Dazu gehöre, dass der Papst und die Kardinäle einen einzigen Ritterorden (*ordo militiae*) gründen und ihn einem «Krieger-König» unterstellen. Dieser sollte nicht nur Meister des Ordens, sondern auch König von Jerusalem sein, mit der Aufgabe, sein Reich zurückzuerobern. Er und seine Nachfolger sollten jeweils Söhne von Königen sein, damit sich ihnen die anderen Ritterorden unterwerfen. Für Lull stand fest, «dass dieser eine Orden der Ritterschaft geschaffen werden soll aus der Union der Orden des Tempels und der Ritterschaft des Hospitals, der Deutschen, von Uclés und Calatrava und allen anderen Orden von Rittern ohne alle Ausnahme, und alle Ritterorden sollten diesen Schritt begrüßen im Namen des Königs der Ritterschaft [...]» (*De fine*, 270).

Ähnliche Gedanken wie in *De fine* finden sich auch in der Schrift *De recuperatione Terrae Sanctae* («Über die Wiedergewinnung des Heiligen Landes») aus der Feder eines Juristen am Hof Philipps IV. von Frankreich, Pierre Dubois. Er empfahl um 1305/1307 die Vereinigung der Ritterorden und die Auflösung ihres europäischen Besitzes. Während die Schenkungen an den neuen Orden künftig von den Bischöfen verwaltet werden würden, sollte ihr Grundbesitz gegen Zins ausgegeben und der Ertrag daraus gemeinnützigen Zwecken zugeführt werden. Der vereinigte Ritterorden sollte nach einer Übergangszeit, in der eine wirtschaftliche Sicherung aus den europäischen Gütern erfolgte, nur noch auf Zypern und im Heiligen Land Besitz haben.

Diese Vorstellungen kursierten keineswegs nur unter den Theoretikern an Fürstenhöfen, sondern wurden bald auch an der Kurie diskutiert. So erreichten den letzten Meister der Templer, Jacques de Molay, um 1305/1306 zwei Anfragen von Papst Clemens V., der ihn bat, zu den Plänen für eine Zusammenlegung der Ritterorden Stellung zu nehmen und seine Konzepte für einen neuen Kreuzzug darzulegen. Wenig überraschend lehnte der Meister die Vereinigung der Ritterorden mit größtem Nachdruck ab, unter anderem mit dem nicht völlig falschen Argument, dass der vereinigte Orden weniger Unterstützung finden würde, aber auch mit dem Hinweis auf die eigenen Traditionen der Templer.

Für einen eigenen Kreuzzugsplan spielten dagegen offenbar die Erfahrungen eine Rolle, die Molay selbst seit den 1270er Jahren in den Kämpfen im östlichen Mittelmeer gesammelt hatte. Er wandte sich gegen die seit dem Zweiten Lyoner Konzil von 1274 weit verbreiteten Pläne eines dreistufigen Kreuzzugs, der nach vorbereitenden Unternehmen zunächst einmal einen kleineren Kreuzzug, ein *parvum passagium*, vorsahen, bevor der eigentliche Feldzug begann. Wohl unter dem Eindruck des Fehlschlags des Templer-Unternehmens auf Ruad von 1302/1303 hielt er es für unmöglich, dass sich ein kleineres Kontingent längere Zeit halten könnte, um dem größeren Kreuzzug den Weg zu bereiten. Auch lehnte er Pläne ab, Jerusalem vom christlichen Armenien aus zurückzuerobern. Die erforderlichen Truppen für die Wiedergewinnung der heiligen Stadt schätzte er auf 10000–15000 Reiter und 40000–50000 Bogenschützen, für den Kampf gegen Ägypten veranschlagte er weitere Verstärkungen. Die einzige Möglichkeit bestand für ihn somit in einem allgemeinen, großen Kreuzzug, der auch von den italienischen Seestädten unterstützt werden müsse.

Mit seinem Kreuzzugsplan stellte sich Jacques de Molay anders als der Johanniter-Meister Foulques de Villaret gegen die Zeitströmung. Seine beiden Stellungnahmen fallen sehr traditionell und pragmatisch aus; sie lassen kaum Neuansätze für eine Politik des Ordens nach dem Fall Akkons erkennen. Die Vorschläge von Pierre Dubois und Ramon Lull boten zwar weniger realistische, aber offenbar überzeugendere Alternative. Es könnte daher zutreffen, wenn drei Jahre danach berichtet wird, Philipp IV. habe sich 1305 beim Papst im Sinne von *De fine* für eine Vereinigung der Ritterorden eingesetzt und nach einem Verzicht auf die französische Krone selbst «Krieger-König» von Jerusalem werden wollen. Anders als den Johanni-

tern und dem Deutschen Orden gelang es den Templern jedenfalls nicht, sich neue Aufgabenfelder zu erschließen und ihre
Gemeinschaft auf neue Ziele hin auszurichten. Die Ereignisse
des Jahres 1307 trafen sie somit völlig unvorbereitet.

4. Der Beginn des Templerprozesses

Philipp IV. von Frankreich, der lange zu den Templern enge Beziehungen unterhalten hatte, wurde im Jahr 1307 zur alles entscheidenden Person für das weitere Schicksal des Ordens. Die
Motive für sein Handeln sind lange diskutiert worden, ohne
dass die Forschung zu abschließenden Lösungen gekommen
wäre. Die einfachste – und aus moderner Sicht naheliegende –
Antwort ist der Verweis auf die chronisch leeren Kassen des Königs, der auch nicht vor gewaltsamen Maßnahmen zurück-
schreckte, um von anderen Geld zu erpressen. So vertrieb er
1301 und erneut 1309 die Lombarden sowie 1306 die Juden
aus Frankreich und erhob bei ihrem Abzug jedes Mal erhebliche
«Bußgelder». Philipp hatte bereits die immensen Schulden seines Vaters aus dem Kreuzzug gegen Aragón übernommen und
auch selbst viel für die Verwaltung und Kriege ausgegeben. Aber
die These, dass er allein deshalb oder auch, weil die Templer zu
seinen bedeutendsten Gläubigern gehörten, gegen den Orden
vorgegangen ist, greift zu kurz.

Ein anderes, wichtigeres Motiv dürfte in der Politik Philipps
und seinem Selbstverständnis zu suchen sein. Ermutigt durch die
Schwäche des Kaisertums, setzte er alle Mittel dafür ein, die
französische Monarchie unter der Herrschaft der *stirps beata*
der Kapetinger zur führenden christlichen Macht aufsteigen zu
lassen. Unterstützt und nach außen vertreten wurde er dabei
durch seine gelehrten, juristisch geschulten Räte wie Guillaume
de Nogaret, Enguerrand de Marigny, Pierre Flote oder Guillaume de Plaisians sowie seinen Bruder Karl von Valois, der seinerseits hochfliegende Pläne für eine Mittelmeer-Herrschaft
hatte. Die Templer stellten dagegen eher ein Hindernis dar. Mit
ihren vom Königtum unabhängigen festen Häusern bildeten sie
so etwas wie einen «Staat im Staate» und besaßen gerade in

Frankreich eine starke Stellung. Philipp konnte daher nicht dem Beispiel der iberischen Herrscher folgen, die im späteren Mittelalter eine immer stärkere Kontrolle über die geistlichen Ritterorden in ihren Reichen erlangten. Er musste andere Wege gehen.

Daneben darf aber die religiös-moralische Komponente keineswegs vernachlässigt werden. Philipp, der sich offenbar bewusst wortkarg und emotionslos gab, war auf eine strenge, nahezu asketische Weise religiös. Deshalb trieb er nicht nur die auch dynastisch wünschenswerte Heiligsprechung seines Großvaters Ludwig IX. voran, sondern suchte auf seinen Reisen auch zahlreiche Wallfahrtsorte auf und gab reiche Schenkungen an Klöster, Hospitäler und andere geistliche Einrichtungen. In moralischen Fragen ging er mit aller Härte vor. Als er seine Schwiegertöchter des Ehebruchs überführt sah, bestrafte er sie streng und ließ ihre Liebhaber hängen und vierteilen. Vor diesem Hintergrund ist es wahrscheinlich, dass Philipp auch den Vorwürfen gegen die Templer – denen seine Verfolgung des Ordens selbst Vorschub geleistet hatte – Glauben schenkte und sein Vorgehen religiös und moralisch als gerechtfertigt oder sogar notwendig ansah.

Zum Kontext der politischen wie der religiös-moralischen Motive für den Templerprozess gehört schließlich noch die Auseinandersetzung, die der König mit der römischen Kurie führte. Schon 1296 war es zwischen Philipp und Papst Bonifaz VIII. zum Streit gekommen, als der König die französische Kirche besteuern wollte. Ungeachtet eines vorübergehenden Ausgleichs eskalierten die Spannungen. Während Bonifaz 1302 die weltlichen Herrschaftsansprüche des Papsttums auf eine neue Höhe führte und insgeheim die Exkommunikation Philipps vorbereitete, verübten Philipps Berater Guillaume de Nogarets und seine italienischen Helfer im September 1303 auf den Papst einen Anschlag, der als «Attentat von Anagni» in die Geschichte eingehen sollte. Der Papst konnte sich zwar einem möglichen Prozess durch Flucht entziehen, starb aber bald darauf an den Folgen des Anschlags. Philipp sah sich gegen Bonifaz wie später gegen die Templer moralisch und religiös im Recht und konnte sich deshalb auch nicht mit dem neuen Papst, Benedikt XI., einigen, der allerdings bereits im Juli 1304 verstarb. Zu seinem Nachfolger wurde im November 1305 auf französischen Druck hin der Erzbischof von Bordeaux, Bertrand de Got, als Clemens V. gewählt. Er blieb aus gesundheitlichen und politischen Gründen bis zu seinem Tod 1314 ständig in Südfrankreich, sah sich dabei aber dem Druck Philipps ausgesetzt, der Bonifaz VIII. posthum als Häretiker verurteilen lassen wollte. Die Zurückhaltung des Papstes im Prozess gegen die Templer erklärt sich auch daraus, dass Clemens um jeden Preis ein Verfahren gegen Bonifaz und damit eine Schwächung der nunmehr erreichten Stellung des Papsttums verhindern wollte. Es blieb ihm nur ein Lavieren zwischen mehreren Übeln.

Jacques de Molay hielt sich 1307 längere Zeit in Frankreich auf, um über die Planungen für einen neuen Kreuzzug zu beraten und mit dem König zu verhandeln. Möglicherweise erfuhr er dabei schon von den Gerüchten, die über seinen Orden im Umlauf waren, dürfte sie aber unterschätzt haben. Wohl Anfang 1305 trat Esquiu de Floyran aus Béziers an Jakob II. von Aragón mit dem Angebot heran, ihm über ungeheuerliche Vergehen der Templer zu berichten. Der König lehnte ab und wollte ihn nur bezahlen, wenn er Beweise vorlegte. Offenbar benannte Esquiu bereits sechs zentrale Vorwürfe, die im Prozess wiederkehren sollten: die Verleugnung Christi bei der Aufnahme, das dreimalige Speien auf das Kreuz, die Erlaubnis zur Sodomie (d. h. zu homosexuellen Handlungen), Küsse auf den untersten Rückenwirbel und/oder den Nabel, die Anbetung eines Kopfidols und das Nichtweihen der Hostien durch die Priester des Ordens.

Esquiu de Floyran griff dabei auf stereotype Vorwürfe gegen Ketzer zurück, wie sie sich seit den Anfängen des Inquisitionsverfahrens in den 1230er Jahren entwickelt hatten und ähnlich auch von französischer Seite gegen Bonifaz VIII. erhoben wurden. So kann es kaum verwundern, dass bald überall Gerüchte umliefen. Auch Clemens V. machte später deutlich, er habe schon vor seiner Krönung in Lyon im November 1305 von den Vorwürfen erfahren. Auf fruchtbaren Boden fielen Esquius Anklagen insbesondere am französischen Königshof, an den er sich nach einem Brief an Jakob II. von 1308 wandte und so das Verfahren anstieß. Die Berater des Königs sahen nun offensichtlich eine Möglichkeit, den Papst auch für die Einleitung eines Verfahrens gegen Bonifaz VIII. stärker unter Druck zu setzen. Ehemalige Templer wurden als Zeugen gewonnen, und zwölf Männer sollten – gewissermaßen undercover – in den Orden eintreten, um Informationen zu gewinnen. Clemens V. zeigte sich jedoch zunächst nicht beeindruckt, sondern setzte seinerseits Ende Mai 1307 Jacques de Molay von den Anklagen in Kenntnis. Dessen Forderung nach einer päpstlichen Untersuchung kam der Papst entgegen und unterrichtete den französischen König am 24. August 1307 über die Einleitung des Verfahrens.

Der König und seine Berater fürchteten nun offenbar, dass die Entscheidung der Kurie zugunsten der Templer ausfallen würde. Innerhalb von drei Wochen nach Ausstellung des päpstlichen Schreibens, am 14. September 1307, erging eine geheime Order des Königs über die Verhaftung der Templer an seine Amtsträger. Sie beginnt mit einer Äußerung der Überraschung: «Eine bittere Sache, eine beklagenswerte Sache, eine Sache, die sicher entsetzlich vorzustellen, furchtbar zu hören ist, ein verabscheuungswürdiges Verbrechen, eine scheußliche Missetat, [...] ist uns dank dem Bericht mehrerer glaubwürdiger Personen zu Ohren gekommen, nicht ohne uns großes Erstaunen zu bereiten und in gewaltigem Schrecken erzittern zu lassen» (*Le dossier*, 16). Dann werden mit weit ausgreifender Rhetorik die Vorwürfe Esquius wiederholt, zunächst noch ohne die Behauptung, die Priester des Ordens würden die Hostien nicht weihen, also nicht an die Eucharistie glauben. Nur eine gründliche Untersuchung könne die Wahrheit ans Licht bringen. So habe der König «nach Beratung mit den Prälaten, den Baronen unseres Königreichs und unseren anderen Ratgebern [... beschlossen], dass alle Mitglieder des genannten Ordens unseres Königreichs ohne Ausnahme festgenommen, gefangen gehalten und dem Urteil der Kirche vorbehalten werden, und dass alle ihre Güter, bewegliche und unbewegliche, beschlagnahmt, von uns eingezogen und getreu bewahrt werden» (ebd., 22).

Die Anweisungen an die königlichen Kommissare und die Amtsträger waren klar. Sie sollten sich vorab über den Ordensbesitz informieren und dann am Morgen des 13. Oktober 1307 mit einem Aufgebot in die Häuser eindringen, um die Brüder zu verhaften und die Bewirtschaftung der Güter zu übernehmen. Noch vor der Einschaltung der kirchlichen Inquisitoren – und damit gegen alle Privilegien des Ordens – sollten dann die Verhöre die Beweise für die Vergehen, also Geständnisse der Brüder, erbringen. So sind Anweisungen für die Befragung durch die königlichen Ermittler beigefügt, ebenso wie eine Kurzfassung der Hauptvorwürfe. Wie auch sonst üblich, wurde die Folter eingesetzt, um den Willen der Gefangenen zu brechen. Wenn sie kurz darauf, «freiwillig» und ohne Anwendung von Gewalt, ihr Geständnis wiederholten, standen sie, wie wir heute wissen, noch unter dem Eindruck, den die Folter bei ihnen hinterlassen hatte. Ein späterer Widerruf machte sie aber zu rückfälligen Ketzern (*relapsi*), denen die Todesstrafe drohte.

Die Templer wurden von der Aktion des Königs völlig überrascht. Bis auf wenige Ausnahmen wurden alle Brüder verhaftet, darunter Jacques de Molay. Nur wenige konnten fliehen, so der Präzeptor von Frankreich, Gérard de Villiers, andere begingen Selbstmord. Allein in Paris kamen 138 Ordensbrüder in Gefangenschaft. Von ihnen legten 134 wohl unter Druck innerhalb eines guten Monats ein Geständnis ab, am 24. und 25. Oktober auch der Großmeister. Sie erklärten jedoch, nur zum Schein den Aufnahmeritualen gefolgt zu sein und neben das Kreuz gespieen zu haben. Kurz darauf bestätigten sie noch unter Schock ihre Aussagen auch vor der Pariser Universität. Anfang 1308 wandte sich der König an die Theologische Fakultät und ließ anfragen, ob er in diesem schwerwiegenden Fall auf die Einschaltung der kirchlichen Gerichte verzichten und den Besitz des Ordens einziehen könne. Es schien somit, als habe Philipp IV. sein Ziel sehr rasch erreicht.

5. Die Aufhebung des Ordens

Der französische König hatte aber offenbar nicht mit dem Widerstand der europäischen Herrscher und des Papstes gerechnet. Eduard II. von England teilte Philipp am 30. Oktober 1307

mit, er halte die Vorwürfe nicht für glaubwürdig, werde aber
eine eigene Untersuchung durchführen, und Jakob II. von
Aragón nahm die Templer angesichts ihrer Leistungen für sein
Königreich sogar gegen die Vorwürfe in Schutz. Auch Clemens V., den die Ereignisse völlig überraschten, reagierte am
27. Oktober scharf, indem er das Vorgehen des Königs gegen
den Orden als Rechtsbruch brandmarkte, und entsandte die
Kardinäle Berengar Fredoli und Étienne de Susy, die sich eigen-
ständig informieren sollten. Am 22. November erließ er dann
die Bulle *Pastoralis praeeminentiae*, mit der er die Herrscher von
Aragón, England und Sizilien sowie wohl auch die anderen
christlichen Fürsten dazu aufforderte, die Templer in ihren Ländern zu verhaften und ihre Güter einzuziehen.

Damit verfolgte er die Absicht, die Angelegenheit der lokalen
Inquisition zu entziehen und in päpstliche Zuständigkeit zu
nehmen, und im März 1308 erklärten auch die von Philipp IV.
befragten Pariser Theologen, das Verfahren könne nur von
einem kirchlichen Gericht entschieden werden. Etwa zur selben
Zeit kam es auch in Paris zu einem bedeutsamen Ereignis. Nach
einem spanischen Bericht wiederholte Jacques de Molay zwar
vor den vom Papst ausgesandten Kardinälen sein Geständnis,
nutzte dann jedoch eine von ihm erbetene Sammlung des Pariser Volkes, um zusammen mit 40 Brüdern seine Foltermale zu
zeigen und sein Geständnis zu widerrufen. Zuvor hatte er offenbar die Brüder mit einem Schreiben zum Widerruf aufgefordert.
Wohl vor diesem Hintergrund verfügte der Papst zeitweilig sogar die Suspension des Verfahrens.

Angesichts dieser Entwicklungen verstärkte Philipp IV. den
Druck auf Clemens. Am 5. Mai 1308 trat in Tours eine Versammlung der französischen Stände zusammen, die mit Nachdruck die Todesstrafe für die Templer forderte. Bereits am
26. Mai erschien der König in Poitiers vor dem Papst und ließ in
Reden Guillaumes de Plaisans und des Erzbischofs von Narbonne, Gilles Aycelin, die Vergehen der Templer in flammenden
Farben zeichnen. Bald darauf wurden dem Papst 72 geständige
Templer vorgeführt, unter denen allerdings – wohl kein Zufall
– nur 13 Ritterbrüder waren, während die wenig einflussreichen

Sergeanten den größeren Teil stellten. Clemens, der auch noch die Gefahr eines Verfahrens gegen Bonifaz VIII. im Blick hatte, entschloss sich daraufhin am 12. August zu einem folgenschweren Schritt. Die Bulle *Faciens misericordiam* legte die Fragen fest und ersetzte die bisher tätigen Inquisitoren durch eine päpstliche Kommission, die durch Ermittlungen in den einzelnen Diözesen unter der Leitung der zuständigen Bischöfe unterstützt werden sollte, während die Entscheidung über die Ordensoberen dem Papst vorbehalten blieb. Am selben Tag rief er für 1310 zu einem allgemeinen Konzil in Vienne auf. Anders als von Clemens erhofft, blieb das Verfahren aber durch den stark königlich dominierten französischen Episkopat in Frankreich unter der Kontrolle des Königs. Leiter der ungeachtet der Vorgaben in Paris tagenden päpstlichen Kommission wurde dann auch der Erzbischof von Narbonne, der vor Guillaume de Nogaret Großsiegelbewahrer des Königs gewesen war.

Damit war eine Mechanik in Gang gesetzt, die den Angeklagten im langwierigen Verfahren kaum Möglichkeiten ließ. Bei einem Widerruf drohte ihnen die Todesstrafe, bei einem Geständnis lebenslange Haft. Die ursprünglichen Anklagepunkte waren inzwischen ausgeweitet worden, sodass die einzelnen Brüder zu ihrer Person 87, zum Orden insgesamt aber 127 Fragen beantworten mussten. Die Anklage enthielt die schwersten der damals gängigen Häresievorwürfe. Die Verleugnung des Kreuzes und die Ablehnung der Eucharistie waren schon den Katharern vorgeworfen worden, die Verehrung von Götzen hielt man auch zu Unrecht dem Islam vor, und gleichgeschlechtlicher Verkehr wurde generell mit dem Tode bestraft. Darüber hinaus unterstellte man ihnen Verhaltensweisen, die gängigen abergläubischen Vorstellungen oder allein der Fantasie der Inquisitoren entstammten.

Für den inhaftierten Großmeister und die anderen Brüder änderte sich wenig, sodass sie wohl nicht mehr auf ein persönliches Eingreifen des Papstes hofften. Jacques de Molay wurde schon am 20. August 1308 zu einem dritten öffentlichen Verhör nach Chinon gebracht, wo er wiederum nur die schon zuvor beauftragten Kardinäle und drei königliche Räte, darunter Guillaume de Nogaret und Guillaume de Plaisans, vorfand. Wohl um nicht als rückfälliger Ketzer völlig isoliert zu sein, entschied er sich ähnlich wie die anderen Brüder, von der Folter und der langen Haft zermürbt, hier für die Wiederholung seines ersten Geständnisses, das ihn nur bedingt belastete. Wenn auf die Anhörungen durch die Kardinäle sogar ein päpstlicher Freispruch der führenden Brüder folgte, blieb er jedoch angesichts des französischen Drucks ohne Wirkung.

Die päpstliche Kommission nahm ihre Arbeit erst im August 1309 auf. Wollte man ursprünglich eine Verteidigung der einzelnen Brüder zulassen, führten Klagen über das Vorgehen der Ermittler rasch zu einer Beschränkung auf vier Vertreter des Ordens, Petrus von Bologna, der die Templer zuvor an der Kurie vertreten hatte, den Ordenspriester Renault de Provins und zwei Ritterbrüder. Auch ihre Einwände fanden am Ende keine Beachtung. Als Jacques de Molay sich am 26. November 1309 der Kommission stellte, verlangte er die Möglichkeit, sich und seinen Orden hinreichend zu verteidigen. Als Antwort verwies man ihn auf sein dreimaliges Geständnis, mit dem er den Orden schwer belastet habe.

Molay geriet daraufhin in Zorn, erbat sich aber auf Rat von Guillaume de Plaisans eine Vertagung. Zwei Tage später bat er erneut, mit dem Verweis auf seine unzureichende Ausbildung, um einen Rechtsbeistand und führte eine Reihe von Argumenten zur Verteidigung des Ordens an. Während dieser Verhöre soll der Großmeister die Kleidung abgelegt und seine Narben und Wunden durch die Folter gezeigt haben, ohne dass das – ebenso wie seine Verteidigung des Ordens – irgendeine Wirkung hatte. Als er bei einem weiteren Verhör am 2. März 1310 erneut ein Verfahren vor dem Papst forderte, wurde ihm das mit dem Hinweis verweigert, die Kommission sei nicht für einzelne Brüder zuständig. Da er nicht aussagte, kam er vielmehr zurück in den Kerker.

Was mit Brüdern geschah, die für die Unschuld des Ordens und seiner Mitglieder eintraten und die Folterungen anklagten, zeigte sich bald darauf in Paris und Senlis. Der auch für Paris zuständige Erzbischof von Sens, Philippe de Marigny, Bruder des königlichen Rats, ließ im Mai 1310 eine Gruppe von 54 Brüdern als *relapsi* zum Tode verurteilen und am nächsten Tag vor den Toren von Paris auf dem Scheiterhaufen verbrennen. Weitere Hinrichtungen, auch in Senlis, folgten. Als die zu Aussagen bereiten Brüder sich daraufhin ebenfalls verweigerten, mussten die Befragungen bis zum November 1310 unterbrochen werden. Aber auch die danach mit aller Härte fortgesetzten Verhöre erbrachten nur noch wenig. Die päpstliche Kommission beendete schließlich am 5. Juni 1311 ihre Arbeit nach über 160 Sitzungen, nicht zufällig in einer der königlichen Residenzen, der Abtei Pontoise. Das Ergebnis war der vom König erwartete Schuldspruch.

Obwohl die Akten über die Verhöre dem Konzil zu Vienne vorgelegt wurden, das im Herbst 1311 zusammentrat, waren die Teilnehmer mehrheitlich nicht von der Schuld der Templer überzeugt. Ein großer Teil von ihnen wollte sogar eine Verteidigung des Ordens zulassen. Die neun Ritter, die Ende Oktober einer Aufforderung des Papstes zur Verteidigung folgten, wurden jedoch auf päpstlichen Befehl verhaftet. Clemens fürchtete die Antwort des französischen Königs auf ein offenes Verfahren gegen die Templer und verschob die Entscheidung über das Schicksal des Ordens bis zur Ankunft Philipps im Frühjahr 1312. Nachdem dieser auf ein Verfahren gegen Bonifaz VIII. verzichtet, vom Papst aber auch Straffreiheit für die Beteiligten am «Attentat von Anagni» erreicht hatte, verkündete Clemens am 22. März 1312 ungeachtet der Bedenken der Teilnehmer mit der umfangreichen Bulle *Vox in excelso* die Aufhebung des Templerordens. Offenbar in bewusster Anlehnung an die Ketzerbulle *Vox in Rama* Gregors IX. von 1233 werden die Templer zunächst mit einer Fülle biblischer Zitate beschuldigt, sich dem Götzendienst zugewandt zu haben. Dann folgt eine Schilderung der Ereignisse vor und auf dem Konzil. Im Schlussteil der Bulle wird bei der Aufzählung der Vorwürfe lediglich auf die Gerüchte und den üblen Ruf des Ordens verwiesen, die schon allein seine Aufhebung erforderlich machten und erhebliche Gefahren für den Glauben und die Seelen mit sich brächten. Deshalb hob Clemens, wie es heißt, zwar mit Zustimmung der

Verbrennung Jacques de Molays und Geoffroi de Charneys (*Grandes chroniques de France*, 15. Jahrhundert)

Konzilsteilnehmer, aber ausdrücklich in Form einer apostolischen Verordnung den Orden und den Gebrauch seiner Symbole auf ewige Zeiten auf.

Zwei Jahre nach der Aufhebung des Ordens wurde auch Jacques de Molay zu lebenslänglicher Kerkerhaft verurteilt. Zuvor hatte der Papst die schon einmal von ihm abgelehnten Kardinäle zu Richtern berufen. Am Ende entschloss sich der Großmeister zusammen mit dem Präzeptor der Normandie, Geoffroi de Charney, zum Widerruf. Beide wurden auf Befehl des Königs als *relapsi* noch am selben Tag, dem 18. März 1314, vor den Augen des Hofs und der Pariser Bevölkerung auf einer kleinen Seine-Insel auf dem Scheiterhaufen verbrannt.

6. Nachleben

Angesichts des spektakulären Prozesses in Frankreich und seiner fatalen Folgen wird oft übersehen, dass in anderen Regionen Verfahren stattfanden, die zu abweichenden Ergebnissen kamen. Einer der aufwändigsten Prozesse ist aus Zypern überliefert, wo sich seit dem Ende des Königreichs Jerusalem 1291 die Ordensleitung und die stärksten Kontingente der Templer aufhielten. Hier versammelten sich im Jahre 1291 400 Brüder zu einem Generalkapitel, 1300 wurden von Zypern aus 120 Ritterbrüder, 500 Bogenschützen und 400 Diener zur Insel Ruad gesandt, und 1304 fand in Limassol wiederum eine Versammlung von 120 Brüdern statt. Allerdings kam es schon seit den 1270er Jahren zu Spannungen mit den zyprischen Königen, weil sich die Templer für die Ansprüche der Anjou und nicht für die der Lusignan auf die Herrschaft im Königreich Jerusalem einsetzten. Dazu kamen Streitigkeiten über die Steuerbefreiung des Ordens und sein Recht, Grundbesitz zu erwerben. 1306 unterstützten die Templer daher wohl die Barone, die König Heinrich II. zum Verzicht auf den Königstitel zugunsten seines Bruders Amalrich von Tyrus zwangen.

Inzwischen waren die Templer in Frankreich verhaftet worden, und Clemens V. erließ im November 1307 die Bulle *Pastoralis praeeminentiae*, die sich vermutlich auch an den König von Zypern richtete. Sie wurde wahrscheinlich im Mai 1308 in Zypern bekannt. Am 27. Mai stellten sich der Marschall Ayme d'Oselier und 14 weitere Brüder dem König Amalrich und einer Versammlung von Klerikern und Laien und legten ein Glaubensbekenntnis ab. Dies hinderte Amalrich jedoch nicht daran, vor einer zweiten Versammlung am folgenden Tag die päpstlichen Briefe und die Anschuldigungen gegen die Templer öffentlich verlesen zu lassen und eine Belagerung der Templerburg in Limassol zu beginnen, die schon am 1. Juni mit der Übergabe der Festung an den König und der Inhaftierung der Brüder endete.

Obwohl der Papst bald über die Vorgänge informiert wurde, begannen die eigentlichen Verhöre nach den erhaltenen Akten erst im Mai 1310 oder 1311. Die Lage der Templer wurde dadurch erschwert, dass Amalrich bald darauf ermordet wurde und Heinrich II. aus dem Exil zurückkehrte. Allerdings bestätigten auch die jetzt überwiegend aus der Partei Heinrichs kommenden adligen Zeugen die Unschuld der Ordensbrüder, die vor und nach dem Verlust von Akkon ihren Aufgaben im Heidenkampf mit großem Einsatz nachgekommen seien. Hervorgehoben wurde – unter anderem durch den Prior der Kirche St. Julian des Deutschen Ordens in Nicosia – auch das karitative Engagement der Templer, die Brot, Wein, Kleidung und selbst Geld an Bedürftige verteilt hätten. Die Brüder selbst, unter ihnen ein höherer Anteil an führenden Vertretern des Ordens als in Frankreich, beharrten auf ihrer Unschuld, und am Ende kam es zu einem Freispruch. Während dies den Übergang des Ordensbesitzes an die Johanniter nach November 1313 erleichterte, blieben die meisten Brüder wohl dennoch in Haft oder wurden nach späteren Berichten auf Befehl Heinrichs getötet. Das auf Zypern verbliebene Hauptarchiv des Ordens ging wahrscheinlich im 16. Jahrhundert in den Kämpfen gegen die Osmanen endgültig verloren.

Die Prozesse in anderen Regionen wurden meist mit geringerer Härte als in Frankreich und Zypern geführt. Im Erzbistum Mainz stellte sich der Komtur von Grumbach mit 20 bewaffneten Brüdern im Mai 1310 einer Provinzialsynode und beharrte auf der Unschuld der Templer. Dies wurde von der von Erzbischof Peter von Aspelt eingesetzten Untersuchungskommission im Juli 1311 bestätigt, was zu einer päpstlichen Rüge führte. Der Übergang des Templerbesitzes an die Johanniter vollzog sich ähnlich schleppend wie im nordöstlichen Deutschland, wo Erzbischof Burchard von Magdeburg die Brüder zunächst verhaften, dann aber im November 1308 nach dem Eingreifen des Mainzer Erzbischofs gegen die Übergabe ihrer Güter wieder auf freien Fuß setzen ließ. Die ehemaligen Templer wurden offenbar noch in den 1320er Jahren aus dem Ordensbesitz versorgt, der nach dem Vertrag von Kremmen mit Markgraf Waldemar von Brandenburg 1318 gegen Kompensationen an die Johanniter übergegangen war. Diese Besitzausweitung der Johanniter scheint die Bildung einer Unterprovinz des Ordens für Sachsen, die Mark und Pommern gefördert zu haben, die im 15. Jahrhundert als Ballei Brandenburg in den Quellen erscheint. Auch in Frankreich und auf der Iberischen Halbinsel wurden aufgrund der – allerdings teilweise mit Zahlungen an das Königtum bewirkten – Übernahme des Templerbesitzes in der Champagne, Aquitanien, Toulouse und Katalonien neue Priorate der Johanniter gebildet.

Jakob II. von Aragón ging trotz seines anfänglichen Eintretens für die Templer bereits im Dezember 1307 gegen den Orden vor. Die Bischöfe von Valencia und Zaragoza wurden mit der Untersuchung beauftragt, der Einzug des Ordensbesitzes angeordnet. Während einige der Burgen unmittelbar an den König fielen, wehrten sich die Brüder in Villel, Castellote, Miravet und Monzón gegen die Vorwürfe und befestigten ihre Häuser. Monzón wurde erst im Mai 1309 erobert. Verhöre von 32 Brüdern in Lérida im Februar und März 1310 blieben wie Untersuchungen im Roussillon ohne greifbares Ergebnis, sodass der Papst im März 1311 die Anwendung der Folter anordnete. Tatsächlich wurden bei Verhören im August 1311 vor dem Erzbischof von Tarragona und dem Bischof von Valencia mindestens acht Brüder gefoltert, doch beharrten sie weiterhin auf ihrer Unschuld und erklärten selbst die Geständnisse des Großmeisters und der anderen Oberen als Erfindung. Am Ende wurden die Brüder auf einer Provinzialsynode zu Tarragona im November 1312 von allen Vorwürfen freigesprochen.

In der Folge kam es sowohl in Aragón als auch in Portugal zu Sonderentwicklungen. Obwohl der Orden im Sinne von *Vox in excelso* aufgelöst wurde, ließ Jakob II. Templer und Johanniter im Königreich Valencia, dem südlichsten der vier Teile der Krone von Aragón, zum neuen Orden von Montesa vereinen. Dieser wurde 1317 auch von Papst Johannes XXII. anerkannt und als eigener Zweig dem spanischen Ritterorden von Calatrava und den Zisterziensern affiliiert. Der König schuf sich damit ein Instrument zum Kampf gegen die Mauren, das er besser kontrollieren konnte als die übernationale Korporation der Templer.

In Portugal entstand in ähnlicher Weise zwischen 1315 und 1318 aus den Brüdern und dem Besitz der Templer der Christusorden mit dem Haupthaus in Tomár, der 1319 vom Papst bestätigt wurde. Die Reconquista war für Portugal zu diesem Zeitpunkt faktisch abgeschlossen, sodass der neue Orden zunächst keine herausragende Rolle spielte. Dies änderte sich jedoch offenbar mit der portugiesischen Expansion des 15. Jahrhunderts. So lassen sich Komtureien des Christusordens im

1415 eroberten Ceuta sowie auf der östlichsten Azoren-Insel São Miguel vermuten, wo sich die Brüder an der landwirtschaftlichen Erschließung beteiligt haben dürften. 1456 verlieh Papst Calixt III. dem Orden mit der Bulle *Inter cetera* die oberste geistliche Gewalt in allen portugiesischen Überseegebieten, ohne dass sich allerdings etwas über die Umsetzung erschließen lässt. Der Christusorden wurde zwischen 1420 und 1460 anstelle eines Meisters von einem der Söhne König Johanns I., Heinrich dem Seefahrer, verwaltet, sodass die von Heinrich angestoßenen Entdeckungsfahrten entlang der afrikanischen Küste auch aus dem Ordensbesitz finanziert wurden.

Die Verfahren in Italien und England verliefen für die Templer ebenfalls weitgehend glimpflich. Im Königreich Neapel ließ man 1308 die Templer offenbar entfliehen, um Problemen zu entgehen, sodass es nur zu wenigen Prozessen kam. Im Erzbistum Ravenna wurden die Brüder im Juni 1311 nach einem längeren Verhör auf einer Provinzialsynode freigesprochen. In England blieben die 1308 inhaftierten Templer zum Entsetzen der päpstlichen Kommissare teilweise nicht einmal in Haft, sondern konnten sich frei bewegen. Die vom angelsächsischen Recht ohnehin nicht vorgesehene Folter wurde kaum angewandt; erst am Ende wurden einige Geständnissen abgelegt. 1311 sprach der Bischof von London 53 Brüder frei und legte ihnen lediglich leichte Bußen auf, nur wenige starben im Gefängnis. Noch 1318 wurden in über 40 Diözesen in ganz Europa ehemalige Templer mit Unterhalt versorgt.

Als der deutsche Priester Ludolph von Sudheim auf einer Pilgerfahrt ins Heilige Land kam, traf er nach seinem um 1330 entstandenen Bericht am Ufer des Toten Meeres auf zwei alte Männer, die sich als ehemalige Templer erwiesen. Sie waren beim Fall Akkons 1291 in Gefangenschaft geraten, hatten geheiratet und waren in den Dienst des Sultans getreten. Vom Verbot des Ordens und dem Tod Jacques de Molays hatten sie nichts erfahren. Als sie bald darauf in den Westen zurückkehrten, wurden sie ehrenvoll empfangen und wie andere ehemalige Brüder bis zu ihrem Lebensende versorgt.

Die dramatischen Ereignisse um den Templerorden wurden

nach und nach Geschichte. Als Zeugnisse der historischen Templer blieben vor allem ihre Bauten, die mit einigen Ausnahmen wie dem New Temple in London von den Johannitern übernommen und im jeweiligen Stil der Zeit überformt wurden. Auch Fresken wie die in Cressac und San Bevignate in Perugia legen von ihren Leistungen Zeugnis ab. Die archivalische Überlieferung ist dagegen verstreut und unvollständig, Vieles muss erschlossen werden. Das Nachleben der Templer beschränkte sich jedoch nicht nur auf ihre materiellen Hinterlassenschaften, den Übergang von Brüdern in andere Orden oder ihre Versorgung in verschiedenen Diözesen. Vielmehr waren die anderen geistlichen Ritterorden ja später als sie und damit vielfach nach ihrem Vorbild entstanden. Die Templer wirkten auf diese Weise bis in die Neuzeit weiter, zumindest solange, bis sich die beiden anderen großen Ritterorden, die Johanniter und der Deutsche Orden, auf ihre karitativen Wurzeln besannen.

Ausblick

Das Ende des Templerordens und der gewaltsame Tod des Großmeisters Jacques de Molay haben seit dem Beginn des 14. Jahrhunderts immer wieder Diskussionen ausgelöst und die Fantasien der Menschen beflügelt. Auch unter den Zeitgenossen gab es Zweifel über die Berechtigung der gegen die Templer vorgebrachten Anklagen. So erklärte der gelehrte Dominikaner Pierre de Palude schon im Verfahren, er sei ungeachtet der Geständnisse nicht von der Schuld der Brüder überzeugt, sondern vertraue denen mehr, die die Vorwürfe leugneten. Französische Chroniken berichten vom Schock, den die Nachricht über die Verhaftung der Templer auslöste. Eine anonyme «Klage über die Templer» (*Lamentatio quedam pro Templariis*) bringt ihre Erschütterung durch schwere Vorwürfe gegen die Zeitgenossen zum Ausdruck, die das grausame und entehrende Vorgehen gegen die Templer geduldet hätten.

Vor allem in Italien gab es im Laufe des 14. Jahrhunderts immer wieder prominente Stimmen zugunsten der Templer. Dante spielt im 20. Gesang des *Purgatorio* seiner «Göttlichen Komödie» zunächst auf den von Philipp IV. veranlassten Überfall auf Papst Bonifaz VIII. an und verweist dann auf die Habsucht des französischen Königs, der «gierig, ohne Rechtsspruch zum Tempel gar die Räuberschiffe» schicke (Dante, 267). Ähnlich äußert sich nach ihm Giovanni Boccaccio. Das Motiv der Habsucht des französischen Königs und des Papstes wird auch in historiografischen Darstellungen der Zeit wiederholt, so bei Giovanni Villani und Matthias von Neuenburg. Am Ende des 14. Jahrhunderts macht sogar ein Kardinal, Niccolò Roselli, allein Philipp IV. für die Aufhebung des Ordens verantwortlich.

Dass Clemens V. und Philipp IV. innerhalb weniger Monate nach der Verbrennung des Großmeisters im März 1314 starben, löste schon bald Gerüchte und Erzählungen aus, die weite Verbreitung fanden. Ihren Tod sah man als Vergeltung für das Vorgehen gegen die Templer an. So soll der Papst nach den Annalen aus dem Erfurter Peterskloster auf dem Totenbett drei schwere Vergehen unter Reuetränen beklagt haben, darunter die Aufhebung des Templerordens, und Godefroy de Paris berichtet über verschiedene Versionen zum überraschenden Tod Philipps IV. im Alter von 46 Jahren während der Jagd. So entstand die Idee eines Fluchs, den der sterbende Großmeister über die für das Verfahren Verantwortlichen ausgesprochen habe, wie sie sich auch in historischen Romanen wie dem Zyklus «Die unseligen Könige» von Maurice Druon wiederfindet.

Die «Schuld» oder «Unschuld» der Templer wurde schon seit den Anfängen der historischen Forschung im 17. und 18. Jahrhundert thematisiert. Oderico Rainaldi, einer der ersten großen Herausgeber von Quellen zur Kirchengeschichte, beschränkte sich im Wesentlichen auf die Wiedergabe der Argumente für und gegen die Templer. Dagegen suchten französische Autoren wie Pierre Dupuy und Étienne Baluze die Rolle Philipps IV. und der französischen Monarchie zu verteidigen, während andere für die Templer eintraten. Hans Prutz ging 1879 einen mittleren Weg, als er nach der Untersuchung der Quellen zu dem Ergebnis gelangte, die Templer hätten tatsächlich im Laufe ihrer Geschichte durch die Vorliebe für Teufelsanbetung und Katharismus einen inneren Verfall erlebt.

Die Edition der Prozessakten, die Jules Michelet 1841 begonnen hatte und die unter anderem von Karl Schottmüller und Heinrich Finke fortgesetzt wurde, ergab aber letztlich ein ganz anderes Bild. 1889 zog dann Henry Charles Lea in seiner inzwischen klassischen «Geschichte der Inquisition im Mittelalter» nach ausführlicher Darstellung die Schlussfolgerung, die Aufhebung des Templerordens sei eine zwangsläufige Konsequenz des gegen ihn durch den französischen König eingeleiteten Inquisitionsverfahrens gewesen. Es zeige sich gerade an ihrem Beispiel, «wie hilflos das Opfer, mochte es auch noch so hochgestellt sein, war, sobald die verhängnisvolle Anklage wegen Ketzerei einmal erhoben war und von den Agenten der Inquisition durchgeführt wurde» (Lea, 3, 378–79). Diese Sicht wurde noch vor einigen

Jahren von Bernd-Ulrich Hergemöller bekräftigt. Er sieht den Templerprozess im Kontext der Ausbildung des Inquisitionsverfahrens seit den 1230er Jahren und hebt hervor, dass der französische König und seine Berater von Anfang an auf die härteste Bestrafung der Templer aus waren. «Sie stützten sich […] auf ein vorgefertigtes Konglomerat von Häresieanklagen, das bei strikter Anwendung des summarischen Inquisitionsverfahrens unweigerlich zur Vernichtung der Ordensgemeinschaft führen mußte» (Hergemöller, 405).

Die zahlreichen neueren Darstellungen zur Problematik, von Malcolm Barber, Kaspar Elm, Anne Gilmour-Bryson, Alan Forey, Alain Demurger und anderen, fragen hingegen weniger nach Schuld oder Unschuld der Templer, sondern vielmehr nach den Mechanismen und Rahmenbedingungen, die die Aufhebung der einst so mächtigen Korporation möglich machten. Dabei haben auch die neueren Editionen das Blickfeld auf die anderen europäischen Länder ausgeweitet, in denen Prozesse gegen die Templer stattfanden, nachdem der Fokus lange auf den Ereignissen in Frankreich lag. Das relativ reiche Material für diese Zeit lässt auch künftig noch interessante Erkenntnisse erwarten.

In den vielen pseudo-wissenschaftlichen Publikationen der letzten Jahrzehnte blühen nicht nur Spekulationen über die wahren Motive Philipps IV. und seiner Berater, sondern werden immer neue Brücken in die spätere Geschichte oder die Gegenwart geschlagen. So findet sich unter anderem die Vorstellung, die Templer hätten über geheimnisvolle Kräfte verfügt, die der eigentliche Grund für ihre Verfolgung gewesen seien und die sie an von ihnen dazu berufene «Erben» weitergegeben hätten. Ähnlich wie in der Phantasie der Verfolger des 14. Jahrhunderts wird angesichts der im Prozess immer wieder erwähnten «Geheimnisse des Ordens» die christliche Bruderschaft mit heidnischen Ritualen und magischen Praktiken zusammengebracht, mit denen die historischen Templer nichts zu tun hatten. Damit markieren der Templerprozess und die Verbrennung des letzten Meisters der Templer, Jacques de Molay, 1314 zwar das Ende der Geschichte des Ordens, aber den Anfang einer bis heute fruchtbaren Mythenbildung.

Quellen und Literatur

Gedruckte Quellen und Übersetzungen

Deutsche Übersetzungen im Text, sofern nicht im Literaturverzeichnis aufgeführt, stammen vom Autor.

Bernhard von Clairvaux, De laude novae militiae, in: Sancti Bernardi Opera, Bd. III, Tractatus et Opuscula, hrsg. von J. Leclercq, H. M. Rochais, Rom 1963, S. 213–239; Nachdr. mit Übers.: Bernhard von Clairvaux, Sämtliche Werke lateinisch/deutsch, hrsg. von G. B. Winkler, Bd. 1, Innsbruck 1990, S. 268–321.

Cartulaire général de l'Ordre du Temple 1119?–1150, hrsg. von A. Marquis d'Albon, Paris 1913.

Chronique d'Ernoul et Bernard le Trésorier, hrsg. von L. de Mas Latrie, Paris 1871.

Dante Alighieri, Die Göttliche Komödie, übers. von K. Vossler, Stuttgart 1977.

Historia diplomatica Friderici secundi, hrsg. von J.-L.-A. Huillard-Bréholles, Bd. 6,1, Paris 1861; dt. Übers.: Kaiser Friedrich II. in Briefen und Berichten seiner Zeit, hrsg. von K. J. Heinisch, Darmstadt 1968.

Le dossier de l'affaire des Templiers, hrsg. von G. Lizerand, 3. Aufl. Paris 1964.

Matthaei Parisiensis monachi Sancti Albani Chronica majora, hrsg. von H. R. Luard, 7 Bde. (Rerum Britannicarum Scriptores, 57), London 1872–1883.

Papsturkunden für Templer und Johanniter, hrsg. von R. Hiestand, 2 Bde., Göttingen 1972, 1984.

Ramon Lull, De fine, in: Raimundi Lulli Opera Latina, Bd. 9, hrsg. von A. Madre (Corpus Christianorum Continuatio Medievalis, 35), Turnhout 1981, S. 233–291.

Recueil des historiens des croisades. Historiens occidentaux, Bd. IV, Paris 1889, S. 265–710; dt. Übers.: Albert von Aachen, Geschichte des Ersten Kreuzzugs, 2 Bde., übers. von H. Hefele, Jena 1923.

Relatio de peregrinatione Saewulfi ad Hierosolymam et Terram Sanctam, hrsg. von W. R. B. Brownlow, London 1892.

The Templars. Selected sources, übers. und komm. von M. Barber, K. Bate, Manchester 2002.

Theodoricus, Libellus de locis sanctis, hrsg. von M.-L. und W. Bulst, Heidelberg 1976.

Two of the Saxon Chronicles Parallel, hrsg. von J. Earle, Ch. Plummer, Bd. 1, Oxford 1892, ND 2000.

Literatur

Allgemeines

Acri 1291. La fine della presenza degli ordini militari in Terra Santa e i nuovi orientamenti nel XIV secolo, hrsg. von F. Tommasi, Perugia 1996.

M. Barber, The New Knighthood. A History of the Order of the Temple, Cambridge 1994.

M.-L. Bulst-Thiele, Sacrae Domus Militiae Templi Hierosolymitani Magistri. Untersuchungen zur Geschichte des Templerordens 1118/19–1314, Göttingen 1974.

D. Carraz, L'Ordre du Temple dans la basse vallée de Rhône, 1124–1312, Lyon 2006.

The Crusades and the Military Orders. Expanding the Frontiers of Latin Christianity, hrsg. von Z. Hunyadi, J. Laszlovszky, Budapest 2001.

A. Demurger, Chevaliers du Christ. Les ordres religieux-militaires au Moyen-Âge (XIe-XVIe siècles), Paris 2002; dt. Die Ritter des Herrn, München 2003.

–, Vie et mort de l'ordre du Temple 1118–1314, Paris 1989; dt. Die Templer. Aufstieg und Untergang, 1118–1314, München 1991.

A. Forey, The Military Orders from the Twelfth to the Early Fourteenth Centuries, London 1992.

–, The Templars in the *Corona de Aragón*, Oxford 1973.

N. Jaspert, Die Kreuzzüge, Darmstadt 2003.

Knighthoods of Christ. Essays on the History of the Crusades and the Knights Templar, presented to Malcolm Barber, hrsg. von N. Housley, Aldershot 2007.

The Military Orders, 4 Bde., hrsg. von M. Barber, H. Nicholson, V. Mallia-Milanes, J. Upton-Ward, Aldershot 1994–2008.

International Mobility in the Military Orders, Twelfth to Fifteenth Centuries, hrsg. von J. Burgtorf, H. Nicholson, Cardiff 2006.

H. Nicholson, The Knights Templar. A New History, Stroud, Gloucestershire, 2001.

–, Templars, Hospitallers and Teutonic Knights. Images of the Military Orders, 1128–1291, London 1995.

Die geistlichen Ritterorden Europas, hrsg. von J. Fleckenstein, M. Hellmann, Sigmaringen 1980.

J. Riley-Smith, The Crusades. A History, 2. Aufl. London 2005.

Selbstbild und Selbstverständnis der geistlichen Ritterorden, hrsg. von R. Czaja, J. Sarnowsky, Toruń 2005.

P. Thorau, Die Kreuzzüge, München 2004.

Literatur zur Einleitung und zu Kapitel I

P.-C. Claverie, Les débuts de l'ordre du Temple en Orient, in: Le Moyen Age 111 (2005), S. 545–594.

C. Dette, Zur Rezeptionsgeschichte der Templer seit dem 18. Jahrhundert, in: Vergangenheit und Gegenwart der Ritterorden. Die Rezeption der Idee und die Wirklichkeit, hrsg. von Z. H. Nowak, R. Czaja, Toruń 2001, S. 211–228.

R. Hiestand, Kardinalbischof Matthäus von Albano, das Konzil von Troyes und die Entstehung des Templerordens, in: Zeitschrift für Kirchengeschichte 99 (1988), S. 295–325.

N. Jaspert, Bonds and Tensions on the Frontier: the Templars in Twelfth-Century Western Catalonia, in: Mendicants, Military Orders, and Regionalism in Medieval Europe, hrsg. von J. Sarnowsky, Aldershot 1999, S. 19–45.

E. Lord, The Knights Templar in Britain, Harlow 2004.

A. Luttrell, The Earliest Templars, in: Autour de la première croisade, hrsg. von M. Balard, Paris 1996, S. 193–202.

J. Prawer, Crusader Institutions, Oxford 1980.

P. Schickl, Die Entstehung und Entwicklung des Templerordens in Katalonien und Aragon, in: Gesammelte Aufsätze zur Kulturgeschichte Spaniens. Spanische Forschungen der Görresgesellschaft 28 (1975), S. 91–229.

J. Wojtowicz, Die Templertraditionen in den Vorstellungen der Aufklärung, in: Die Ritterorden zwischen geistlicher und weltlicher Macht im Mittelalter, hrsg. von Z. H. Nowak, Toruń 1990, S. 161–175.

124 Quellen und Literatur

Literatur zu Kapitel II

J. Burgtorf, The Central Convent of Hospitallers and Templars: History, Organization, and Personnel (1099/1120–1310), Leiden 2008.

S. Cerrini, Une expérience neuve au sein de la spiritualité médiévale: l'ordre du Temple (1120–1314). Étude et édition des règles latine et française, 2 Bde., Paris 2002.

J. Delaville Le Roux, Un nouveau manuscrit de la Règle du Temple, in: Annuaire-Bulletin de la Société de l'Histoire de France 26 (1890), S. 185–214.

A. Forey, The Charitable Activities of the Templars, in: Viator 34 (2003), S. 109–41.

R. Hiestand, Templer- und Johanniterbistümer und -bischöfe im Heiligen Land, in: Ritterorden und Kirche im Mittelalter, hrsg. von Z. H. Nowak, Toruń 1997, S. 143–161.

J. Leclerq, Un document sur les débuts des Templiers, in: Revue d'histoire écclésiastique 52 (1957), S. 81–91.

D. Selwood, Knights of the Cloister. Templars and Hospitallers in Central-Southern Occitania, 1100–1300, Woodbridge, Suffolk, 1999.

F. Tommasi, Fonti epigrafiche dalla *Domus Templi* di Barletta, in: Militia Sacra, hrsg. von E. Coli, M. de Marco, F. Tommasi, Perugia 1994, S. 167–202.

Literatur zu Kapitel III und zum Ausblick

M. Barber, The Trial of the Templars, Cambridge 1978.

A. Berthel, Die Templer im Gebiet östlich der Elbe bis zur Aufhebung des Ordens (1312), in: Sacra Militia 1 (2000), S. 13–56.

A. Demurger, Jacques de Molay. Le crépuscule des templiers, Paris 2002; dt. Der letzte Templer. Leben und Sterben des Großmeisters Jacques de Molay, München 2003.

K. Elm, Der Templerprozeß (1307–1312), in: Macht und Recht. Große Prozesse in der Geschichte, hrsg. von A. Demandt, München 1990, S. 81–101.

A. Forey, The Fall of the Templars in the Crown of Aragon, Aldershot 2001.

B. Frale, The Chinon chart: Papal absolution to the last Templar, Jacques de Molay, in: Journal of Medieval History 30 (2004), S. 109–134.

–, Il papato e il processo ai Templari. L'inedita assolutione di Chinon alla luce della diplomatica pontificia, Rom 2003.

J. Fried, Wille, Freiwilligkeit und Geständnis um 1300. Zur Beurteilung des letzten Templergroßmeisters Jacques de Molay, in: Historisches Jahrbuch 105 (1985), S. 388–425.

B.-U. Hergemöller, Krötenkuss und schwarzer Kater. Ketzerei, Götzendienst und Unzucht in der inquisitorischen Phantasie des 13. Jahrhunderts, Warendorf 1996.

H. C. Lea, Geschichte der Inquisition im Mittelalter, hrsg. von J. Hansen, 3 Bde., Bonn 1905–1913, Nachdr. Nördlingen 1987.

Mein besonderer Dank gilt Frau PD Dr. Marie-Luise Heckmann, Potsdam, für die gründliche Durchsicht des Manuskripts und zahlreiche Anregungen, ebenso Prof. Dr. Jochen Burgtorf, Fullerton/USA, für seine freundliche Unterstützung. Zugleich möchte ich die Gelegenheit benutzen, allen weiteren Freunden und Kollegen aus dem Umkreis der Kreuzzugs- und Ritterordensforschung, allen voran Prof. Dr. Roman Czaja, Toruń/Polen, für die vielen anregenden Tagungen, Vorträge und Gespräche in den letzten Jahren zu danken, die nicht unwesentlich zu diesem Band beigetragen haben.

Liste der Meister

(Namen und Daten nach Bulst-Thiele)

Hugues de Payns (1118/19–1123/37)
Robert de Craon (1136/37–1149)
Évrard des Barres (1149–1152?)
Bernard de Tremelay (1152?–1153)
André de Montbard (1153–1156)
Bertrand de Blanchefort (1156–1169)
Philippe de Milly (1169–1171)
Odo de Saint Amand (1171–1179)
Arnau de Torroja (1180–1184)
Gérard de Ridefort (1185–1189)
Robert de Sablé (1191–1193)
Gilbert Érail (1194–1200)

Philippe de Plessis (1201–1209)
Guillaume de Chartres (1210–1219)
Pierre de Montaigu (1219–1232?)
Armand de Pierregort (1232?–1244)
Richard de Bures (1244/45–1247)
Guillaume de Sonnac (1247–1250)
Renaut de Vichiers (1250–1256)
Thomas Bérard (1256–1273)
Guillaume de Beaujeu (1273–1291)
Thibaut Gaudin (1291–1293)
Jacques de Molay (1293–1307,
    † 1314)

Register

Abkürzungen: G = Graf, K = König, M = Meister der Templer, P = Papst, S = Sultan,
St = Stadt, T = Templer, TH = Haus / Burg der Templer